Naturfarben

Heinz Knieriemen
Martin Krampfer

Naturfarben
Ratgeber für gesundes Wohnen

AT Verlag

© 2006
AT Verlag, Baden und München
Lektorat: Kristin Bamberg, München
Umschlagbild: Adrian Pabst, Gebenstorf
Illustrationen: Seite 14, 37 und 52: Edith Biedermann, Bern
Lithos: Vogt-Schild Druck AG, Derendingen
Druck und Bindearbeiten: Westermann, Zwickau
Printed in Germany

ISBN 3-03800-274-7
ISBN 978-3-03800-274-1

www.at-verlag.ch

Inhalt

7	**Natur der Farben – Farben der Natur**
10	Das Geschenk der Farben
11	Blick in eine verborgene Welt
13	**Die Farbenwahl: Ein Rundgang durch das Haus**
15	Wand- und Deckenanstriche im Wohnraum
16	Schlafräume
17	Wandanstriche für Bäder und Küchen
17	Fußbodenbehandlung
18	Toilette, Waschküche, Keller
19	Fassadenanstriche für mineralische Wände
20	Holzfassadenanstriche
22	Gartenholz, Zäune, Spielgeräte und Pergolen
22	Rostschutz
22	Fenster- und Türanstriche
23	Einmal tief Luft holen!
24	Vor- und Nachteile der kontrollierten Lüftung
25	Die Lösemittelfrage
27	**Untergrundbehandlungen im Alt- und Neubau**
28	Die Saugfähigkeit
28	Die Tragfähigkeit
29	Altanstriche
30	Untergrundvorbehandlungen
32	Putz, Leichtbauwände, Rigips, Fermacell
32	Neuputze
32	Lehmputz
32	Gipsputz
33	Kalk- und Kalkzementputz
33	Sanierputze
33	Spachtelmassen
33	Putzträger
33	Leichtbauwände
34	Rigips
34	Gipsfaserplatten
34	OSB
34	Abkehr von der Natur und ihre Folgen
36	Mangelnde Leitfähigkeit
36	Fehlende Diffusionsfähigkeit
37	Mangelnde Sinneseindrücke
37	Fehlende toxikologische Sicherheit und mangelhafte Umweltverträglichkeit
38	Welche Farbe passt auf welchen Hintergrund?
39	**Farben, Verputze, Wandaufbauten: Tipps aus der Praxis**
40	Leimfarben
41	Untergründe und Vorbereitung
42	Kaseinfarben
43	Alkalikaseinfarbe, Kalkkaseinfarbe
44	Kaseintemperafarben
45	Eitempera
46	Kaseingrundierung
46	Untergründe und Vorbereitung
46	Farbenleim in Kalkfarben
46	Naturharzfarben
46	Naturharzdispersionsfarben
48	Untergründe und Vorbereitung
49	Sumpfkalk, Kalk, Kalkfarben
50	Anstriche mit Sumpfkalk
50	Kalkfarben
50	Dispergierte Kalkfarben
54	Untergründe und Vorbereitung
54	Verarbeitung
55	Silikatfarben, Dispersionssilikatfarben, Kieselsolanstriche
56	Reinsilikatfarben
56	Dispersionssilikatfarben
58	Untergründe und Vorbereitung
58	Anstrichmittel auf Kieselsolbasis
59	Algenbewuchs und die Wärmedämmung
60	Ölfarben, Lasuren und Lacke
62	Der ideale Aufbau von Ölfarbenanstrichen
64	Pflege und Pflegeanstriche

64	Untergründe und Vorbereitung	101	Schimmelpilze
64	Leinöl, Leinölfirnis	103	Schimmelknacker
66	Standölfarben	104	Dekorieren mit Deckfarben
66	Öllacke	104	Die weiße Wand
69	Harze	104	Die farbige Wand
69	Wie Pech und Schwefel zusammenhalten	106	Anstrichtechniken
70	Hartöle und Wachse für Fußböden	106	Streichen, Rollen, Spritzen
70	Behandlung von Holzfußböden	107	Kreuzgang: Nass-in-nass-Technik
72	Steinöl für mineralische Fußböden	107	Wandlasuren
74	Anstrichempfehlungen – Was Sie meiden sollten	109	Die Wischtechnik
75	Welcher Putz passt auf welchen Untergrund?	110	Das Stupfen oder Tupfen
76	Lehmoberflächen	110	Glanzwickeltechnik
76	Lehmputz, Lehmfeinputz	111	Das Abnehmen der Lasurfarbe
77	Lehmedelputze	111	Das Schablonieren
78	Untergrundvorbereitung und Verarbeitung	112	Wandlasuren mit Pflanzenfarben
79	Japanputze		
80	LehmColor-Streichputz	117	**Anhang**
80	Lehm für Wandaufbauten	118	Rohstoffe für die Naturfarbenherstellung
80	Korklehmsteine	126	Die heißen Borax-Lagerstätten
82	Lehmbauplatten	127	Der Naturfarbenmarkt und seine Hersteller
82	Kalkputze, Kalkglätte, Stuccolustro, Tadelakt	130	Naturfarbenhersteller – eine Übersicht
82	Kalkhaftputze und Kalkstreichputze	133	Hersteller von Lehmbauprodukten und Lehmfeinputzen
83	Kalklasuren	134	Register
83	Kalkglätte und Glättetechnik		
84	Stuccolustro		
86	Tadelakt		
88	Kalk – ein Baumeister der Natur		
90	Oberflächengestaltung mit Feinputzen		
90	Auftragsarten		
93	Schellack, Schellack-Isoliergrund, Schellackpolituren, Schellackseife		
94	Bunte Erden als Bodenschatz		
96	Dr. Georg Kremer und das Wunder von Einsiedeln		
97	Le Corbusiers Visionen neu belebt		
100	Rostschutzanstriche		
101	Heizkörperfarben		

Natur der Farben – Farben der Natur

Farben sind ursprünglich Bestandteil der Natur und fügen sich auch wieder in die natürlichen Kreisläufe ein. Naturfarben prägten über Jahrtausende das Lokalkolorit, das spezielle Bild von Häusern, Dörfern, Städten und Landschaften. Sie schmückten und waren gleichzeitig ein Wetterschutz. Farben und Lacke auf natürlicher Basis sind Grundlage für die Gestaltung und Verschönerung von Oberflächen im eigenen Heim, aber auch für Bauwerke wie etwa die Sixtinische Kapelle oder die Einsiedler Klosterkirche, die mit ihrer ästhetischen Schönheit seit Jahrhunderten Menschen erfreuen. Die Pflanzenwelt und die Mineralien liefern eine unerschöpfliche Vielfalt an Farben und Rohstoffen. Naturfarben haben sich über einen langen Zeitraum bewährt. Sie verdienen unser Vertrauen und unsere Wertschätzung. Und doch liegt ihr Marktanteil heute nur bei etwa 3 Prozent. Das ist zu wenig!

Es gibt viele gute Gründe, wieder mehr Naturfarben einzusetzen. Unser Buch zeigt diese auf.

Naturfarben sind gesund, sie lassen uns frei atmen. Die Gesundheit ist ein unteilbares Gut. Und wer sich Gedanken über gesunde Ernährung und Kleidung macht, wird auch bald einmal den Wohnbereich mit Baumaterialien, Verputzen, Farben und Wandaufbauten einbeziehen. Wer einmal mit Naturfarben gearbeitet hat, wird kaum zu konventionellen Farben zurückkehren. Außerdem dienen Naturfarben der Werterhaltung, sind anwendungssicher und in vielen Fällen auch günstiger als die petrochemischen Alternativen. Das trifft beispielsweise für eine gekalkte Wand zu, die gegenüber den heute viel verwendeten Kunststoffdispersionen nur Vorteile hat. Die Natur hat uns viel zu bieten, wenn wir wieder lernen, ihre Sprache zu verstehen.

Naturfarben haben Rhythmus und Klang. Sie beeinflussen Stimmungen, sie regen an, stimmen heiter und beruhigen. Farben besetzen viele Sinnesbereiche und buhlen um unser Wohlbehagen. Und da behaupte noch jemand, bei Farben seien im Wesentlichen die anwendungstechnischen Aspekte zu beachten. Ob uns die warme Herzlichkeit der Natur mit Erdfarben, Kalk, Kasein und pflanzlichen Farbstoffen umgibt oder ob Polyacryllacke, PVC-Lacke, Polyurethanharze, Styrol und Lösemittel auf Erdölbasis die Wohnbereiche beeinflussen, kann uns nicht gleichgültig sein.

Viele Produkte im Bereich Bauen und Wohnen vermitteln immer noch den trügerischen Schein der Perfektion. Auf der Strecke bleibt dabei häufig der Mensch mit seinen Bedürfnissen. Mittlerweile haben uns weltweit das Sick-Building-Syndrom, die Multiple Chemical Sensitivity und eine Vielzahl von allergischen Reaktionen eingeholt. Die Bedrohung des Menschen durch die von ihm selbst geschaffene Wohnumwelt ist so deutlich erkennbar geworden, dass jeder aufmerksame Beobachter über ganz persönliche Erfahrungen mit den um sich greifenden Krankheiten verfügt. Umdenken ist angesagt. Wir wollen Ihnen den Weg ebnen zu mehr Wohngesundheit und zeigen, wie der weite Bereich der Wohnumwelt natürlich und gesund gestaltet werden kann. Wir geben detaillierte Tipps und Arbeitsanleitungen.

Anhand der Hauszeichnung auf Seite 14 betrachten wir die Räume eines Hauses und ordnen ihnen die jeweils richtigen Farben und Verputze zu. Nicht zuletzt benennen wir Produkte und empfehlen Hersteller. Für komplizierte Sachverhalte gibt es Tipps zur Verarbeitung und Hintergrundinformationen. So werden zunächst die Untergründe bewertet und Verfahren der Untergrundprüfung vorgestellt. Ob Alt- oder Neubau, Holz oder Putz, innen oder außen: alle gängigen Untergründe sind erfasst. Hieraus und aus Ihren Gestaltungswünschen ergeben sich die Möglichkeiten zur Wahl des richtigen Werkstoffs. Außerdem werden die einzelnen Farbsysteme hinsichtlich Verarbeitungsaufwand, Haltbarkeit, Preisniveau und anderer wichtiger Aspekte wie zum Beispiel der Selbstbaufreundlichkeit bewertet. Ergänzend werden die häufigsten Fragen aus der Praxis behandelt, so dass sich Tipps zu Untergründen und deren Vorbereitung genauso finden wie zu Verarbeitungsfehlern, Bauschäden und der Ausführung dekorativer Techniken oder dem passenden Werkzeug. Ob Struktur- oder Glanzputze, Lehmoberflächen oder Tadelakt, ob Fragen zu Holzanstrichen im Außenbereich oder Lasurtechniken, in diesem Nachschlagewerk finden Sie Antworten auf all Ihre Fragen. Ein ausführliches Stichwortverzeichnis bietet schnellen Themenzugang, ein ausgewähltes Herstellerverzeichnis mit einem repräsentativen Produktüberblick erleichtert den Einkauf. Außerdem nehmen wir Stellung zur Entwicklung des Naturfarbenmarktes, zu Fehlentwicklungen bei modernen Kunststoffbeschichtungen, zu Niedrigenergiestandards mit Polystyrol und zu bewährten alten sowie völlig neuen Werkstoffen.

Das Geschenk der Farben

Früher setzte die Abhängigkeit von örtlich verfügbaren Materialien, von Jahreszeiten und Klima dem menschlichen Handeln enge Grenzen. Im industriellen Zeitalter wurde die Ausbeutung der Rohstoffe und Ressourcen ins Unermessliche gesteigert, was zur Verödung gewachsener Natur- und Kulturräume führte und großräumige Schäden verursachte. Natürliche Systeme, die im Bereich ökologische Farben angestrebt werden, machen das besser: Ihre geschlossenen Materialkreisläufe verwandeln Bau- und Werkstoffe wie Verbrauchsgüter in wieder verwertbare neue Güter, die Grundlage neuen Lebens sind. Diese Stoffumwandlungsprozesse verbrauchen nur sehr wenig Energie und befinden sich trotz ihrer Vielfalt und ständigem Wechsel in einem stabilen Gleichgewicht. Verbesserungen beginnen beim persönlichen Verhalten, und dabei müssen wir auch die großräumigen Zusammenhänge im

Remise mit Atelier in Wädenswil. Sumpfkalk-Kaseinfarbe auf bestehendem Kalkputz, Holzbauteile mit Ölfarbenanstrich nach alten Rezepturen (Foto: Beat Gut, Wädenswil).

globalen Maßstab im Blick haben. Farben und Anstriche sind dabei ein wichtiger Mosaikstein.

In unserem Wertesystem nehmen Natur und Ökologie einen wichtigen Platz ein. Jahrelang ist uns von der Industrie eingeredet worden, dass selbst im Innenbereich Holz mit pestizidhaltigen Mitteln gestrichen werden muss, und unzählige Menschen haben solchen Unfug mit schweren gesundheitlichen Schäden bezahlt. Dabei haben viele alte Häuser, Berghütten, Ställe ohne jede konservierende Behandlung Wind und Wetter getrotzt und Jahrhunderte überdauert. Über Jahrzehnte haben im konventionellen Markt für Farben und Anstriche nicht Gesundheit und Ästhetik, sondern allein die technischen Argumente dominiert: Deckvermögen, Verlauf, Haftung, biozide Schutzfunktion gegen Insekten und Schimmel, einfache Verarbeitung, schnelles Trocknen. Wichtig war und ist noch häufig vor allem der Faktor Zeit und dass alles möglichst billig ist. Allerdings treten heute ökologische Argumente immer stärker in den Vordergrund. Eine Farbe sollte das ökologische Gleichgewicht nicht stören, nicht bei der Herstellung, nicht beim Gebrauch und nicht bei der Entsorgung. Das bedeutet: Verwendung nachwachsender oder in ausreichenden Mengen vorhandener Rohstoffe, ohne Sondermüll zu produzieren, Minimierung der Transport- und gesundheitlichen Risiken, gute bauphysikalische Eigenschaften, keine verdichtenden und versiegelnden Oberflächenbehandlungen, Renovierbarkeit und unproblematische Entsorgung. Und nicht zuletzt kommen auch noch die ästhetisch-taktilen Ansprüche hinzu. Schauen Sie einmal die wunderbar harmonierende Farbpalette von Pflanzenfarben und natürlichen Erden an oder die feinen, sich im Licht verändernden Strukturen von Kalkfarben – reine Streicheleinheiten für Gemüt und Seele.

Farben können Stimmungen und Botschaften vermitteln. Die heißen Rhythmen des Farbenwechsels in der Mode oder die Färbung von Lebensmitteln sprechen ihre eigene Sprache, sind Mittel der Werbeverführung und Manipulation. In welch verschwenderischer Farbenfülle wir heute leben, wird uns erst im historischen Vergleich bewusst. Farben stellten in früheren Kulturepochen eine erlesene Kostbarkeit dar. Einerseits wegen des ungeheuren Aufwands der Herstellung, wie das Beispiel der Purpurschnecke zeigt, und andererseits wegen der Seltenheit der Materialien, beispielsweise der Halbedelstein Lapislazuli zur Herstellung des Ultramarins. Viele tausend Jahre war es allein die Natur, die dem Menschen das Erlebnis von Licht und Farbe vermittelte – in flüchtiger Blütenpracht, im Wechsel der Himmelsfarben und Jahreszeiten oder mit farbigen Erden. Mit kostbaren Farben schmückten sich immer die Herrschenden. Das Recht, sich in bestimmten Farben – etwa Purpur – zu kleiden, stand nur den höheren Ständen zu. Heute ist dagegen der nahezu grenzenlose Besitz und Gebrauch von Farben zur sozial verbürgten Selbstverständlichkeit geworden. Grund genug, von diesem Geschenk verantwortungsbewusst und liebevoll Gebrauch zu machen. Dass harmonische Farbwahl nicht grelle Buntheit bedeuten muss, zeigt die Remise mit Atelier in Wädenswil, auf Seite 10 (Sumpfkalk-Kaseinfarbe auf bestehendem Kalkputz, Holzbauteile wurden mit Ölfarben nach alten Rezepturen gestrichen).

Blick in eine verborgene Welt

Die Lebendigkeit der Naturfarbpigmente begeistert uns immer wieder aufs Neue. Unsere Erfahrungen und Arbeiten drehen sich um Ausgangsstoffe, Pigmente und die daraus entstehenden Farben und Wirkungen. Die Schönheit und Einzigartigkeit der einzelnen Pigmente, ihr faszinierendes Licht- und Schattenspiel entstehen durch die Wechselwirkungen der verschiedenfarbigen Bestandteile. Die ersten Blicke durch das Mikroskop sind überwältigend. Eine Entdeckungsreise in eine verborgene Welt von Form und Farbe. Das von bloßem Auge blau erschei-

Azurit-Gestein.

Azurit-Pigment in 100-facher Vergrößerung.

Blaues Azurit-Farbpigment.

nende Azurit-Pigment entpuppt sich in hundertfacher Vergrößerung als raffinierte Assemblage unterschiedlichster Kristalle von roter, grüner, weißer und blauer Farbe. Ähnlich dem ersten Blick in die Unterwasserwelten oder dem durch ein Fernrohr in die Sterne fesselt einen dieses Bild. Man verliert sich in der unerwarteten Vielfalt des Anblicks, den wir von bloßem Auge zwar wahrnehmen und fühlen, aber nicht gänzlich erkennen können. Und plötzlich ist blau nicht mehr bloss blau, sondern ein geheimnisvolles lebendiges Kleinod, auf dem der Blick sich genüsslich ausruhen kann.

Azurit – auch Bergblau oder Armenierstein genannt, ist ein natürliches Mineral, ein basisches Kupferkarbonat. Die Farbigkeit des Gesteins spielt von tiefem Indigo- bis Ultramarinblau, von Kobaltblau bis Türkis. Es enthält meist auch Teile des verwandten Malachits. Es wurde bereits 2500 Jahre v. Chr. von den Ägyptern als Farbe verwendet und zählte bis Ende des 18. Jahrhunderts zu den wichtigsten blauen Farben.

Text und Bilder verdanken wir Hanspeter Niggli von der Thymos AG, Lenzburg/Bern.

Die Farbenwahl: Ein Rundgang durch das Haus

1 Wohnraum
2 Schlafraum
3 Küche
4 Bad
5 Toilette
6 Waschküche
7 Keller

— 8 Fußboden aus Holz,
   Stein oder Kork

Fassade
 9 Stein, Beton, Verputz
10 Holz

11 Holzzaun und Spielgerät
   (Gartenholzanstrich)
12 Eisengitter

13 Fenster und Fensterläden
14 Türe

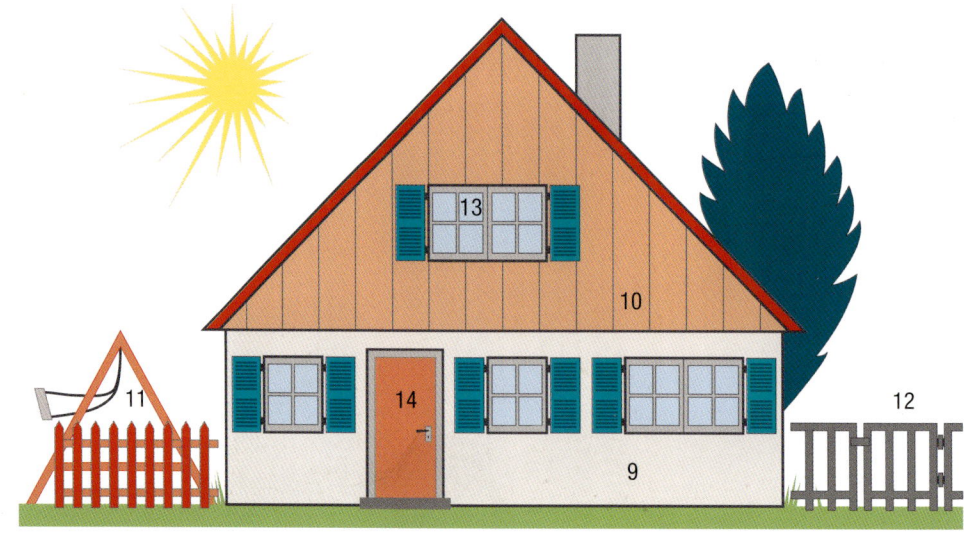

Wir laden Sie zu einem Rundgang durch ein Haus ein, um den Farben auf die Spur zu kommen. Für die unterschiedlichen Räume und Oberflächen machen wir Sie mit den richtigen Farben und Verputzen vertraut. Ob Bad, Küche, Schlafräume, Wohnzimmer, Keller, Nassräume, Fenster, Decken oder Fußböden: Wir führen Sie zum geeigneten, gesunden, naturfreundlichen Anstrichmittel, nennen mögliche Alternativen, geben Tipps für die praktische Anwendung und wichtige Informationen zu Untergrundvorbereitung, Oberflächenstruktur, Wandaufbauten usw. Der praktische Ratgeber mit gezielten Verarbeitungstipps ermöglicht, einfach und ohne Umwege gezielt zu den nötigen Informationen zu kommen. So sind Sie sicher, dass die Freude an Farben und Verputzen in jeder Hinsicht ungetrübt ist.

Es geht zunächst nur darum, auf die richtige Spur zu kommen und ein Gefühl für mögliche Ausbau- und Renovierungsarbeiten zu entwickeln. Speziell genutzte Räume lassen eine Vorauswahl an Anstrichmitteln zu. Sie sollten ja auch bestimmte Bedingungen erfüllen und den Erwartungen entsprechen. Wenn Sie im Raum Ihrer Wünsche angekommen sind, werden Sie mit praktischen Ratschlägen und diversen Verarbeitungstipps abgeholt. Die Details finden sich dann im Kapitel »Farben, Verputze, Wandaufbauten: Tipps aus der Praxis«, Seite 39.

1 Wand- und Deckenanstriche im Wohnraum

Die Wand- und Deckendekoration in Wohnräumen wird vor allem durch gestalterische Überlegungen geprägt. Wir können praktisch alle Anstrichsysteme und dekorativen Putze der Naturfarbenhersteller empfehlen. Bauphysikalische Besonderheiten sind nur in besonderen Fällen zu berücksichtigen. Dabei dreht es sich eher um Fragen, die sich aus der Nutzung ergeben. So sind beispielsweise glatte Oberflächen weniger anfällig für Schmutz als rauhe. Für die Garderobenecke können Kalkglätte oder Stuccolustro also sehr zweckmäßig und zugleich dekora-

Wandanstrich mit Mineralpigmenten und geöltes Eichenparkett schaffen eine warme Atmosphäre (Foto: Oliver Maybohm, Hamburg).

tiv sein. Im Aufenthalts- und Entspannungsbereich hingegen ist vielleicht eine warm getönte Kaseinlasur auf einem Kalkputz oder Sumpfkalkanstrich gemütlicher. Lassen Sie sich von den Werkstoffbeschreibungen, den Fotos oder dem Abschnitt über dekorative Techniken inspirieren. Berücksichtigen Sie bei Wohnräumen immer die spätere Einrichtung und Beleuchtung, damit die dekorativen Arbeiten auch wirklich zur Geltung kommen. Wir möchten an dieser Stelle nur einige grundsätzliche Empfehlungen aussprechen:
– Kalkanstriche
– Kaseinfarben und Naturharzdispersionen für kräftigere Farbgebung
– Leimfarben (bei geringen Belastungen und wenn es reversibel sein soll, zum Beispiel Stuckrenovierungen)
– Streich- und Rollputze für strukturierte Oberflächen
– weitere Anregungen gibt es im Kapitel »Oberflächengestaltung mit Feinputzen« (Seite 90)
– Lehm- und Kalkputze bei Neubauten und Grundrenovierungen, hier auch Gipsputze

> **Die Hautschmeichler**
> Unserer Wohn- und Lebensumwelt mangelt es an angenehmen, hautsympathischen Oberflächen. Wir haben ja alles so pflegeleicht gemacht, dass unsere Haut nur noch mit Plastikfilmen oder -fasern in Kontakt kommt: auf den Fußböden, an Fenstern, Möbeln, Türen, Wänden, am Steuer des Autos, in der Straßenbahn, am Schreibtisch im Büro und schließlich im Krankenhaus. Mit Naturfarben, Harzen, Wachsen, Ölen, natürlichen Verputzen schaffen wir Ruhepunkte für den beleidigten Tastsinn. Es geht etwas Wärmendes, Beruhigendes, Ausgleichendes und Besänftigendes von solchen Oberflächen aus.

2 Schlafräume

In Schlafräumen halten wir uns in unserem Leben am meisten auf, ohne dass uns das bewusst ist. Im Schlaf gibt ein Erwachsener während der acht Stunden mehr als einen Liter Flüssigkeit an den Raum ab (hauptsächlich über die Atemluft). Obwohl die Stoffwechselaktivität reduziert ist, findet ein besonders reger Austausch mit der unmittelbaren Umgebung statt, so dass der Materialwahl vom Bett über die Bettwäsche bis zu Wandaufbauten und Anstrichen große Bedeutung zukommt.

Eine zentrale Forderung ist hier also konsequenter Verzicht auf belastende, allergene oder gar gesundheitsschädliche Inhaltsstoffe aller Bauteile. Optimal sind Anstriche mit einer guten Diffusionsfähigkeit, da die abgegebene Feuchtigkeit nur so von den Wänden aufgenommen werden kann, um am Tag wieder abzutrocknen und abgelüftet zu werden. Eine ausgeglichene Luftfeuchtigkeit wird als sehr angenehm empfunden. Da Schlafräume meist gar nicht oder weniger geheizt werden, können leicht Tauwasserprobleme (siehe auch Thema Schimmel, Seite 101) auftreten.

Farben mit ausdünstenden gesundheitsschädigenden und oberflächenverdichtenden Stoffen sind für Schlafzimmer also abzulehnen. Wir empfehlen
– Kalkputze oder Kalkanstriche
– Leimfarben
– Lehmoberflächen
– Kaseinfarben
– Streich- und Rollputze

Für gestalterische Ideen kommt der Einsatz von Erd- und Mineralpigmenten in Frage, Lasuren und Schablonierarbeiten lassen weitere kreative Möglichkeiten offen. Auch gegen einfache Papiertapeten ist nichts einzuwenden, ebenso wie gegen sehr hochwertige reine Silikatfarben. Alle Holzbauteile sollten geölt oder gewachst werden. In den Schlafräumen sollten möglichst keine Lacke verwendet werden.

3, 4 Wandanstriche für Bäder und Küchen

Normale Bäder mit einem Fenster zum Lüften bezeichnen wir als Feuchträume. Das heißt, kurzfristig fällt eine recht hohe Luftfeuchtigkeit bis hin zum Taupunkt an. Zunächst zeigt sich diese als Tau, als ein feuchter Belag auf Spiegeln und Fensterscheiben, weniger sichtbar dann aber auch auf den Wänden! Mittelfristig wird der Raum wieder trocken. Spritzwasser- und dauerfeuchte Bereiche (Duschkabinen, Spülen und Waschküchen) betrachten wir als Nassraum im nächsten Abschnitt. Küchen sollten bei traditionellem Kochverhalten mehr oder weniger wie Bäder behandelt werden. Zum Verständnis der Bauphysik oder bei bereits vorhandenen Problemen sollten Sie die Information über Schimmelpilze (Seite 101) lesen.

Der drastische Wechsel zwischen trocken und feucht ist für jede Farbe eine Herausforderung. Schwach gebundene Leimfarben sollten deshalb besser vermieden werden. Gut geeignet sind rein mineralische Systeme, aber auch die meisten Streich- und Rollputze sowie auf jeden Fall auch Lehmoberflächen oder Kalkfeinputze. Natürlich darf Kalkglätte, Tadelakt oder Stuccolustro eingesetzt werden. Für Bäder und Küchen stehen also zur Wahl:
– Kalkanstriche
– Streich- und Rollputze
– Lehmedelputze
– Lehm- und Kalkputze bei Grundrenovierungen

5, 6, 7 Toilette, Waschküche, Keller

Wir betrachten hier Räume, die dauerhaft oder langfristig eine hohe Feuchtigkeit aufweisen oder sogar regelrecht nasse Stellen (oft Ecken) haben. Dies sind vor allem Keller mit durchfeuchteten Grundmauern, für die eine Grundsanierung nicht in Frage kommt. Aber auch schlecht belüftete Räume, in denen oft mit Wasser gearbeitet wird und die kaum gelüftet werden können. Dies können Waschküchen oder Brunnenräume sein, vor allem in Altbauten.

Stuccolustro oder Kalkglätten für spritzwasserfeste Oberflächen bilden in Bädern eine Alternative zu Fliesen (Foto: Oliver Maybohm, Hamburg).

In diesem Buch betrachten wir vor allem Alternativen zu Fliesen, die nebenbei bemerkt damit nicht negativ bewertet werden sollen. Es ist vor allem eine Geschmacks-, aber auch eine Kostenfrage, wenn man sich gegen Fliesen und für Kalkglätteputze (Seite 83) entscheidet. Verwenden sollten Sie in Kellern und Nassräumen ausschließlich rein mineralische Systeme auf der Basis von Kalk und Silikat.

8 Fußbodenbehandlung

Natürlich geht es hier nur um Böden, deren Oberflächen beschichtet oder imprägniert werden sollen. Das sind in der Regel Dielenböden oder Parkett aus Holz, Korkoberflächen, aber auch Stein, Holzwerkstoffe und Linoleum. Und hier stellt sich sofort die Frage nach den optischen Wünschen: Sollen die Böden matt oder glänzend oder möglichst naturbelassen daherkommen? Nicht zu vernachlässigen ist dabei, welchen Belastungen der Boden ausgesetzt sein wird. Um eine Frage vorweg zu beantworten: Es gibt keinen Grund, einen Boden mit Kunstharzen zu versiegeln und ihn dadurch seiner Qualitäten zu berauben. Es ist möglich, alle Probleme mit Produkten auf natürlicher Basis zu regeln.

Die Auswahl des richtigen Mittels wird vor allem vom Material des Bodens und von der Art der Nutzung, aber auch von Ihrem Geschmack bestimmt. Zur Vorauswahl sei gesagt: Je mehr die Behandlung schichtbildend ist (das geschieht vor allem durch Harzanteile), umso glänzender wird der Boden. Ein Hartöl ist für stark stra-

Toilette mit Kalkglätteputz (Foto: Oliver Maybohm, Hamburg).

pazierte Bereiche wie öffentliche Räume oder Treppen zu empfehlen. Härte allein ist jedoch nicht ausschlaggebend, denn harte Oberflächen können verkratzen, womit der Pflege- und Renovierungsaufwand wächst. Für Fußböden generell empfiehlt sich ein gründlicher Anstrichaufbau, wie er im Kapitel »Hartöle und Wachse für Fußböden« (Seite 70) erklärt wird.

Genannt seien auch gelaugte und geseifte Oberflächen, die in der Anfangszeit wesentlich pflegeaufwendiger sind, langfristig allerdings heller bleiben und ihren eigenen Charme haben. Unter den einzelnen Behandlungsmöglichkeiten vertiefen wir diese Aspekte noch:
– Grundieröl als erster Schritt aller Fußbodenbehandlungen
– Fußbodenhartöl, vor allem als Imprägnierung
– Harzhartöle und Harzwachsmischungen als schichtbildender Oberflächenschutz
– Wachsnachbehandlung und -pflege
– Laugen und Seifen für möglichst helle Oberflächen
– Pflege geölter Böden

Ein geölter Holzfußboden wirkt natürlich und lebendig.

Haus in Bern mit Mineralfarbenanstrich.

9 Fassadenanstriche für mineralische Wände

Üblicherweise bestehen unsere mineralischen Außenwände aus Backstein, Verputzen mit Sand und Kalk oder Zement und Naturstein. Diese Wände bieten, wenn sie intakt sind, einen ausreichenden Wetterschutz. Ein Anstrich dient hier also vor allem dekorativen Zwecken.

Im Regelfall haben wir es mit verputzten Außenwänden zu tun. Sie werden durch abdichtende Anstriche in ihrer bauphysikalischen Logik gestört. Ähnlich wie bei Holz soll die Wand kurzfristig anfallenden Regen zum größten Teil ableiten, um danach in Ruhe wieder auszutrocknen. Eine Absperrung der äußeren Oberfläche verhindert zwar ein Feuchtwerden durch Schlagregen, macht jedoch auch das Trocknen der Bau- und Nutzungsfeuchte, die innen entsteht, unmöglich. Der Dampfdruck geht also regelmäßig von innen nach außen, eine Folge ist das Abblättern abdichtender Anstriche und eine Aufhebung des normalen Dämmwertes. Das ist dann sogar der günstigste Fall, denn würde die Feuchtigkeit im Mauerwerk bleiben, müssten Sie bald den Abschnitt über Schimmel im Wohnraum lesen und wir über Putzschäden durch Frost schreiben.

> **Wie Feuchtigkeitsschäden vermieden werden**
> - Bodennähe vermeiden, Abstände einhalten
> - Pfosten auf Steine oder in Metallschuhe statt ins Erdreich stellen
> - Kanten für stehendes Wasser vermeiden oder abschrägen
> - Abtropfkanten konstruieren, um ein Zurückkriechen der Feuchtigkeit zu verhindern (zum Beispiel Wasserschenkel am Fensterflügel und Sohlbänke)
> - Spalten und Risse vermeiden oder sicher verbauen
> - Wenn im Wasser dann richtig, der Grenzbereich Luft/Wasser und der Stirnbereich des Holzes sind die Problemzonen
> - Die Wetterbeständigkeit unterschiedlicher Holzarten berücksichtigen

Die Anstrichmittel der Wahl sind also ganz klar die beiden klassischen dampfoffenen, mineralischen Systeme:
- Kalkanstriche als einfachere Variante
- Silikatfarben für höhere Ansprüche
- Kieselsolanstriche
- Pigmente zum Abtönen

10 Holzfassadenanstriche

Holz muss trocken stehen, sein größter Feind ist dauerhafte Feuchtigkeit. Wirklich trockenes Holz, beispielsweise unter 10 Prozent Holzfeuchte, hat praktisch keine Feinde, abgesehen von Feuersbrünsten. Algen, Flechten, Pilze, Bakterien und auch Insekten brauchen alle eine Mindestfeuchte zum Überleben. An erster Stelle steht also immer der konstruktive Holzschutz, das heißt eine Verbauung, die Wasser möglichst zügig ableitet und eine schnelle Trocknung begünstigt.

Bei Holzfassadenanstrichen, die eine schnelle Wasserableitung fördern sollen, aber ein Abtrocknen nicht behindern dürfen, ist die zentrale Forderung also wieder Diffusionsfähigkeit. Besonders wichtig ist hier auch der notwendige UV-Schutz, der sowohl den Anstrich selbst als auch das darunter liegende Holz vor der energiereichen Sonneneinstrahlung schützt. Alle Anstrichmittel erreichen dies durch ihre Pigmente, die eine Absorption und vor allem eine Reflexion der Strahlung bewirken. Um diesen Anforderungen gerecht zu werden, ist ein richtiger Anstrichaufbau notwendig. Lesen Sie hierzu bitte bei den Ölfarben die Anleitung für einen

Bild links: Abblätternde Acrylfarbe (links), unbehandeltes Holz einer Berghütte (rechts) (Foto: Martin Krampfer, Hamburg).

Bild rechts: Lasierender Lack schützt Holzhaus (Foto: Martin Krampfer, Hamburg).

Bild rechts: Perfekte Nadelholzversilberung an einem Museumsbau in Norwegen (Foto: Martin Krampfer, Hamburg).

richtigen Fensteranstrich (Seite 62), denn dieser repräsentiert den anspruchsvollsten Anwendungsfall.

Ob ein weiterer Holzschutz nötig ist, hängt sehr von der Holzart und der jeweiligen Verbauung ab.

Anstrichempfehlungen: Holzlasuren für außen (Wetterschutzlacke), Ölfarben (Standölfarben), Schwedenrot

11 Gartenholz, Zäune, Spielgeräte und Pergolen

Bei voll dem Wetter ausgesetzten Bauteilen stehen die Holzwahl und der konstruktive Holzschutz an erster Stelle. Alle Hölzer ausser Eiche, Robinie und Lärche haben eine begrenzte Lebensdauer. Tropenhölzer sollten nicht verwendet werden. Der kritische Punkt ist der Grenzbereich Boden - Luft, Holzbauteile sollten von Büschen und Bewuchs frei sein, damit sie möglichst schnell abtrocknen. Ölanstriche, Lasuren und Standölfarben ergeben bei guter Pflege schöne Oberflächen. Da sie in relativ kurzen Abständen zu renovieren sind, sollte auch das natürliche Versilbern in Betracht gezogen werden.

12 Rostschutz

Eisenmetalle oxidieren leicht und schnell, besonders wenn sie gleichzeitig Wasser und Luft ausgesetzt werden. Dieser Prozess ist ein ernst zu nehmender volkswirtschaftlicher Faktor, den jeder an seinem Gartentor nachvollziehen kann. Wenn es sich nicht gerade um Gusseisen oder Edelstahl handelt, kann auf Rostschutzanstriche nicht verzichtet werden. Lesen Sie hierzu das Kapitel »Rostschutzanstriche« auf Seite 100. Neben zahlreichen unterschiedlichen Produkten hat sich in jüngerer Zeit ein uraltes Anstrichsystem bewährt, das wir als bestes Produkt empfehlen:
– Schuppenpanzerfarbe

13, 14 Fenster- und Türanstriche

Wir beschäftigen uns hier mit Holzoberflächen im Innen- und Außenbereich. Für Fenster und Türen kommt nur ausgesuchtes Holz bester Qualität in Frage, dennoch ist ein Oberflächenschutz notwendig. Die Bau-

Fensteranstrich mit Ölfarben.

teile sind direkt der Witterung ausgesetzt. Außerdem befinden sie sich im Grenzbereich zwischen außen und innen, sie müssen also sowohl dem unmittelbaren Wetterschlag als auch dem Dampfdruck standhalten. Nach unserer Einschätzung sind hier ausschließlich Ölfarben geeignet. Sie leiten Wasser ab, lassen aber eine Trocknung zu, weil sie auch nach längeren Standzeiten grundsätzlich diffusionsfähig bleiben.

Deckende Ölfarben sind wesentlich dauerhafter als Lasuren, da sie einen besseren UV-Schutz bieten. Die zahlreichen Pigmente reflektieren einen Großteil des Sonnenlichts. Harzfreie Farben haben zwar nicht die gleiche Blockfestigkeit wie Lacke (mit Harzen gehärtete Ölfarben heißen auch Öllacke), weisen aber eine wesentlich bessere Elastizität auf, was besonders den wechselnden Temperaturen an der Außenoberfläche gerecht wird. Außerdem behindern Harze eher die Diffusion. Näheres, vor allem zu einem korrekten Anstrichaufbau, lesen Sie bei den Ölfarben (Seite 60). Fenster und Türen sollten also gestrichen werden mit:
– Ölfarben
– Öllasuren
– Öllacken

Natürliche Holzlasur als Außenanstrich.

Einmal tief Luft holen!

Leben heißt atmen! Mit jedem Atemzyklus nimmt unser Körper Sauerstoff auf und gibt Kohlenstoff an die Umgebung ab. Die ausgeatmete Luft des Menschen enthält etwa 4 Prozent Kohlendioxid (CO_2). Dieser Gehalt kann in einem geschlossenen Raum während einer Nacht auf das Vierfache seines natürlichen Wertes ansteigen, was die Regenerationsphase des Körpers im Schlaf beeinträchtigt. Durch Kochen, Baden und normale körperliche Ausdünstungen wird Feuchtigkeit an die Luft abgegeben, die auch durch Dampfabzüge nur teilweise eliminiert werden. Bauphysikalisch exponierte Gebäudeteile können mit Schimmelpilzbildung oder Tauwasser reagieren. Auch Tabakrauch und je nach Einrichtung und Ausbau eine ganze Reihe anderer Schadstoffe sowie Schwebestaub beeinflussen die Luftqualität entscheidend. Baubiologen und Naturfarbenhersteller haben schon sehr früh auf die vielfältigen Wechselbeziehungen zwischen Baustoff, Wandaufbau, Farben, Raumklima und Wohnqualität hingewiesen, die über technisch-abstrakte Zahlenwerte, Grenzwerte und physikalische Kenngrößen hinausgehen.

Es ist unbestritten, dass in allen Wohnbauten ein Luftaustausch zur Erhaltung eines angenehmen Wohnklimas notwendig ist. Verbrauchte Raumluft muss durch Frischluft ersetzt werden. In den letzten Jahren ist der Gebäudehülle von Wohnbauten vermehrt Aufmerksamkeit geschenkt worden. Durch einen höheren Dämmstandard, durch verbesserte Dichtungen bei Fenstern und Türen wird der natürliche Luftwechsel deutlich vermindert. Das ist vom Energieverbrauch her zu begrüßen. Doch kann dieser verminderte natürliche Luftaustausch auch das Wohlbefinden stören oder zu Bauschäden führen. Frischluft kann selbstverständlich auch durch Fensterlüftung zugeführt werden. Das ist jedoch mit Wärmeverlusten und meist auch mit unangenehmen Luftbewegungen verbunden. Befinden sich Raucher in einer Wohnung, lautet die Empfehlung, die Raumluft pro Stunde einmal völlig auszuwechseln – Luftwechselraten, die allein durch das Öffnen von Fenstern nur schwer erreicht werden können.

Eine kontrollierte Wohnungslüftung löst dieses Problem. Mit durchdachter Planung und ausgereifter Technik kann der Wohnkomfort verbessert und gleichzeitig der Energieverbrauch gesenkt werden.

Vor- und Nachteile der kontrollierten Lüftung

Bevor wir detailliert auf die kontrollierte Lüftung mit Wärmerückgewinnung eingehen und die Vorteile mit möglichen Nachteilen abwägen, scheinen uns einige grundsätzliche Gedanken angebracht. Ein hoher Dämmstandard und ein geringer Energieverbrauch sind ein erstrebenswertes Ziel. Doch erste Priorität hat der Mensch, haben die Bewohnerinnen und Bewohner eines Hauses, ihr Wohlbefinden und ihre Gesundheit. Mit natürlichen Materialien wie Holz, Lehm, Kokos, Kork und Hanf, mit

Lehm und Holz sorgen für ein angenehmes Klima.

guter Speichermasse im Haus und einem Grundofen als strahlender Wärmequelle kann auf eine kontrollierte Lüftung häufig verzichtet werden. Als Erstes müssen wir uns also Gedanken über Materialwahl, Verputze, Anstriche, Inneneinrichtung und Heizsystem machen, bevor mögliche Optimierungen angestrebt werden. Lehm und Holz können schlechte Gerüche und Schadstoffe absorbieren und sorgen für eine wohltuende Luftfeuchtigkeit.

Die Vor- und Nachteile der kontrollierten Lüftung im Vergleich zur Fensterlüftung:

Vorteile
- ausreichende und konstante Raumluftqualität
- Schadstoffe und Feuchtigkeit (Wasserdampf) werden abgeführt
- Die Außenluft wird gefiltert (keine Pollen, kein Staub)
- geringerer Energieverbrauch
- Komfort durch warme Zuluft
- weniger Lärm von außen

Nachteile
- Raumbedarf für Anlage und Kanäle
- Kosten für Installation und Betrieb
- Aufwand für Reinigung und Wartung
- zusätzlicher Strombedarf für Ventilatoren
- mögliche Veränderungen der Luftionisation
- mehr Technik im Haus
- Nachts Geräusche durch den Betrieb möglich
- Heute werden bereits Seminare veranstaltet, die sich mit Problemen und Unzulänglichkeiten der kontrollierten Lüftung beschäftigen (Zugproblematik usw.).
- Und schließlich haben Niedrigenergiestandards mit Materialien wie Styropor oder Polyurethanschäumen zu immer größeren Problemen mit Algen an Fassaden geführt, was den Einsatz von Pestiziden in Verputzen und Anstrichmitteln erhöht (siehe Kapitel »Algenbewuchs und die Wärmedämmung«, Seite 59).

Die Lösemittelfrage

Lösemittel im Sinn der DIN-Normen sind Flüssigkeiten, die das Bindemittel der Farben – Harze, Wachse, Öle usw. – sowie die Pigmente in eine verstreichbare Form bringen. Sie regeln die Konsistenz, die Viskosität und die Streicheigenschaften der Farben. Für synthetische Anstrichmittel werden fast ausschließlich Lösemittel auf Erdölbasis verwendet. Neben den ökologischen Bedenken und dem nie auszuschließenden gesundheitlichen Risiko ist es vor allem der üble Geruch, der bei solchen Produkten stört.

Universelles Lösemittel ist Wasser. Die anderen Lösemittel werden in unterschiedliche Klassen eingeteilt:
- aliphatische Kohlenwasserstoffe wie Testbenzin und Isoaliphate
- aromatische Kohlenwasserstoffe wie Toluol und Xylol
- Glykole wie Ethylenglycol und Diethylenglycol
- Ether wie Dibutylether und Glycolether
- Ester wie Butylacetat und Glycolester
- Ketone wie Methylethylketon (MEK)
- Alkohole wie Ethanol
- Terpene wie Balsamterpene, Zitrusterpene und Orangenschalenöl

Alle diese Lösemittel, die natürlichen Terpene und pflanzlichen Alkohole wie die Erdölderivate, sind chemisch gesehen Kohlenwasserstoffe. Dieser Stoffgruppe sollte grundsätzlich mit Vorsicht begegnet werden, da sie fettlösend auf der Haut und bei längerer Disposition narkotisierend wirkt. Immerhin bestehen gravierende Unterschiede im Gefahrenpotenzial und in der Ökobilanz etwa zwischen den aromatischen Kohlenwasserstoffen und den Terpenen. Die auf Erdöl basierenden Lösemittel bilden nach dem Straßenverkehr die zweitgrößte Emissionsquelle, die Ozonbildung und den globalen Treibhauseffekt fördert, während die Terpene als Naturprodukte eine ausgeglichene CO_2-Bilanz aufweisen. Doch wie dem auch sei: Es ist grundsätzlich erstrebenswert, die

Hartwachse mit naturnahen Lösungsmitteln.

Lösemittel für Farben frei von Kohlenwasserstoffen zu machen.

Dabei ergeben sich allerdings gewisse Schwierigkeiten. Alle Naturfarbenhersteller haben sich als Grundsatz auf die Fahne geschrieben, nur Rohstoffe aus nachwachsenden Ressourcen zu benutzen. Unter den Lösemitteln erfüllt diese Bedingung neben pflanzlichem Alkohol in idealer Weise Wasser. Doch diesem universellen Lösemittel sind Grenzen gesetzt, auch wenn immer mehr wasserverdünnbare Farben auf den Markt kommen. Auch die Balsamterpentin- und Orangenschalenöle als Lösemittel sind nicht überall unumstritten. Handwerker klagen, dass der intensive, wenn auch natürliche Geruch bei längerer Arbeit in geschlossenen Räumen als lästig empfunden wird. So verwendet Sehestedter Naturfarben als ökologischen Kompromiss ein Lösemittel, das aus natürlichen Kohlenwasserstoffen zusammengesetzt ist, und setzt dazu mit Chitosan einen neuen Emulgator auf der Basis von Krabbenschalen ein. Andere Hersteller verwenden ein aromatenfreies Testbenzin mit Balsam- und Orangenterpentin als Löser. Auf dem Lösemittelmarkt ist einiges in Bewegung geraten. Da alle Naturfarbenhersteller zur Volldeklaration stehen, können Sie sich auch in diesem Bereich gut informieren und abwägen.

Untergrundbehandlungen im Alt- und Neubau

Ein Anstrich ist immer nur so gut wie sein Untergrund, und darum wenden wir uns zunächst den zu streichenden Flächen zu. Vor allem interessieren uns die Saugfähigkeit, die Tragfähigkeit und die Frage, ob sich geplanter Anstrich und Untergrund chemisch-physikalisch vertragen.

Die Saugfähigkeit
Stellen Sie sich vor, eine Glasplatte oder einen Sandhaufen anstreichen zu müssen. Wir haben damit in etwa die beiden schwierigsten Aufgaben für einen Maler gestellt. Und zwar, weil es zum einen keinerlei Saugfähigkeit des Untergrunds und zum anderen eine extreme Saugfähigkeit gibt.

Die Aufnahmefähigkeit des Untergrunds ist aus zwei Gründen von großer Bedeutung. Zum einen entzieht sie der Farbe das Lösungsmittel (zum Beispiel Wasser), wodurch die Farbe ihre Streichfähigkeit einbüßt. Sie wird zu dick, und der Anstrich wird zwangsläufig scheckig. Allerdings sorgt die Aufnahme von einem Teil des Bindemittels auch für eine gute Verbindung von Anstrich und Untergrund. Bei einem zu starken Saugverhalten führt ein zu großer Entzug des Binders aus der Oberfläche somit zu einem mangelhaften Zusammenhalt der Pigmente untereinander und mit dem Untergrund. Dies äußert sich nach dem Trocknen im Abfärben oder Kreiden des Anstrichs, wie der Maler es nennt.

> **Tipp aus der Praxis**
> Schütten Sie etwas Wasser gegen die Wand. Gibt es einen Wasserfleck, ohne dass Wasser abläuft, ist der Untergrund ziemlich stark saugend. Läuft das Wasser hingegen bis zur Fußleiste ab, ist der Untergrund ziemlich dicht. Unser Ziel ist eine mittlere Saugfähigkeit. Wie wir diese erreichen, wird bei den Grundierungen unter den vorbereitenden Arbeiten erklärt.

Ist die Saugfähigkeit andererseits zu gering, kommt es nicht zu einer Bindemitteleinwanderung in den Untergrund, die Verbindung ist zu schwach. Dies gilt hier vor allem für Wandanstriche. Anstrichmittel, die stark gebunden sind, können hier später abblättern, und beim Streichen gibt es schon einmal Läufer, das heißt, die Farbe bleibt nicht stehen, wo sie sollte.

Die Tragfähigkeit
Ein häufiges Übel bei Altanstrichen und -putzen sind eine mangelnde Festigkeit und daraus entstandene Schäden. Eine gute Tragfähigkeit ist jedoch ein Muss für jeden Anstrich. Oft ist die Ursache eine Bindemittelschwäche, das heißt, der Untergrund ist zu weich und ohne guten inneren Zusammenhang. Das zeigt sich manchmal schon, wenn man kräftig mit den Fingern darüber reibt und der Sand herunterrieselt. Es ist zwar keine Betonhärte gefragt, doch dass der Anstrich abbröckeln könnte, muss natürlich vermieden werden. Alte Anstriche sind oft nicht in der Lage, weitere Farbschichten zu tragen, sie reißen dann beim Trocknen (oft erst nach Wochen) vom Untergrund ab. Bei genauer Betrachtung kann man an solchen »Schollen« sehr gut sehen, auf welcher Ebene die Trennung stattgefunden hat.

> **Tipp aus der Praxis**
> Alte Anstriche immer auf Feuchtigkeitsbeständigkeit prüfen. Leimfarben werden schnell mit einem nassen Schwamm aufgeweicht und müssen dann abgewaschen werden. Die Festigkeit der alten Farben prüft man außerdem mit dem Gitterschnitttest: Im Abstand von zwei Millimetern werden fünf Schnitte gemacht, und zwar über Kreuz. Bleiben die Quadrate zwischen den Schnitten stehen, ist die Tragfähigkeit gut, platzen sie ab, ist sie mangelhaft, und der Altanstrich sollte entfernt werden.

Prüfung der Altputze auf Festigkeit.

Altanstriche

Bei der Altbausanierung müssen wir davon ausgehen, auf alte Anstriche zu treffen, die von Malern selbst angemischt wurden. Daraus ergeben sich leider zahllose Variationen in den Rezepturen und selten standardisierte Voraussetzungen. So wurde in den Stärkekleister oder Zelluloseleim der klassischen Leimfarbe schon immer gern ein zusätzliches Bindemittel hineingemischt. In der DDR beispielsweise war es üblich, etwas Latex in die Leimfarbe zu geben – oder auch etwas mehr, so denn genug vorhanden war. Auch die unzähligen Varianten der Emulsionsanstriche oder Binderfarben ergeben unterschiedliche Anstrichgründe. Eine Kalkschlämme mit Leim- und Ölzugabe beispielsweise ist nicht ohne weiteres zu bestimmen, ihre Eigenschaften können stark variieren. Auch die Kunststoffindustrie hat mittlerweile eine große Zahl unterschiedlicher Kompositionen hervorgebracht. Anstrichtechnisch ist es ein großer Unterschied, ob noch eine gewisse Saugfähigkeit vorliegt oder nicht,

> **Tipp aus der Praxis**
> Testen Sie die Saugfähigkeit mit Wasser und ermitteln etwa vorhandene Kunststoffanteile. Dazu halten Sie ein brennendes Feuerzeug an die Wand. Stinkt der Altanstrich, handelt es sich um kunststoffgebundene Farben, die möglichst entfernt werden sollten. Grundsätzlich empfehlen wir, in dem gegebenen System zu bleiben, also Kalkanstriche mit Kalkanstrichen oder Silikatfarben mit Silikatfarben zu streichen. Haben Sie jedoch einen saug- und tragfähigen Untergrund, kann im Innenbereich praktisch mit allen Naturfarben gearbeitet werden: Leimfarben, Kaseinfarben, Naturharzdispersionen, alle Kalkanstriche, Silikatfarben und sämtliche Feinputzsysteme vom Lehmschlämmanstrich bis Tadelakt. Im Außenbereich sind Kalkanstriche, Silikatfarben und mineralische Putze geeignet.

ob die Oberfläche völlig glatt oder doch eher porös ist! Im Zweifelsfall müssen also die Saug- und Tragfähigkeit geprüft werden, und ein Probeanstrich bringt weitere Sicherheit.

> **Tipp aus der Praxis**
> Prüfen Sie neben der Saug- und Tragfähigkeit alter Putze auch deren Verbindung zum Untergrund. Durch Abklopfen können Sie Hohlstellen erkennen. Normalerweise sollte hier der Putz erneuert werden, alle anderen Vorgehensweisen brauchen etwas Mut zum Risiko.

Untergrundvorbehandlungen

Die wesentlichen Schritte der Vorbereitung von Anstrichgründen ergeben sich aus den oben genannten Fehlerquellen. Die Tragfähigkeit muss sichergestellt werden, zu große Saugfähigkeit muss verringert werden, Flecken und andere Putzverunreinigungen müssen unschädlich gemacht werden, und nicht zuletzt müssen Untergrund und geplanter Anstrich technisch zusammenpassen. Die geplanten dekorativen Techniken müssen mit dem ins Auge gefassten Werkstoff machbar sein.

Die Einstellung der richtigen Saugfähigkeit ist eine zentrale Aufgabe der Vorbehandlung. Am einfachsten ist ein Vornässen des Untergrunds. Der zugrundeliegende Gedanke ist, das Gefälle zwischen trockener Wand und

Prüfung der Saugfähigkeit.

nasser Farbe zu vermindern. Damit der Farbe nicht schon beim Streichen ihre Feuchtigkeit entzogen wird, wird vor dem Anstrich Feuchtigkeit in die Wandoberfläche hineingebracht. Mit dieser Methode wird nur die Saugfähigkeit zur Zeit des Anstreichens vermindert, es handelt sich nicht um eine Erhöhung der Untergrund-Tragfähigkeit oder anhaltende Verminderung der Saugfähigkeit, da ja kein Bindemittel im Spiel ist.

Ähnlich ist die Aufgabe von Grundiersalzen oder Seifen zu verstehen, die tatsächlich die Poren des Putzes verstopfen, ohne sie allerdings abzudichten. Hier wird das schnelle Eindringen von Wasser verhindert, nicht der langsame Dampfdurchgang. *Alaun* (Kalium-Aluminium-Sulfat) ist als Grundiersalz besonders für Gipsputze geeignet. Das Doppelsalz kristallisiert in den Poren aus und egalisiert damit den Untergrund. Ein altes Malerbuch empfiehlt beispielsweise vor dem Streichen von Leimfarben auf Gips und Kalkputzen folgenden Ansatz: 40 Gramm Alaun werden in einen Liter handwarmem Wasser gelöst und mit der Bürste verstrichen.

Seifen reagieren chemisch mit Kalkputzen. Trifft eine Seifenlösung auf alkalische Kalkputze, bilden sich sogenannte Kalkseifen. Sie kennen diese Ablagerungen als ungeliebte Begleiter in Waschmaschinen und Badewannen, wo sie zu Verkrustungen führen. Bilden sich Kalkseifen nun in den Putzporen, verstopfen sie diese sehr effektiv und verhindern den schnellen Wasserdurchgang.

Soll mit der Verminderung der Saugfähigkeit eine Erhöhung der Tragfähigkeit einhergehen, ist eine Bindemittelgrundierung notwendig. Hierbei wird mehr Klebstoff ins Spiel gebracht, als für den Anstrich nötig ist. Er dient dem nachträglichen Verfestigen des Putzes.

Zur Verfestigung für Mörteluntergründe können Kalkmilch und Wasserglas als mineralische Grundiermittel eingesetzt werden, die kein organisches Bindemittel zuführen. Beide werden mit Wasser verdünnt eingesetzt und karbonisieren beziehungsweise verkieseln durch Aufnahme von Kohlendioxid aus der Umgebungsluft. Dabei verkitten sie die lockeren Putzsandbestandteile auf chemischem Wege.

Wir empfehlen:
– Farbenleim
– Kaseingrundierung
– Kalkmilch (hergestellt aus → Kalkschlämme mit Kalkmilch)
– Wasserglasgrundierung (→ reine Silikatfarbe)
– sonstige Grundierungen nach Herstellerangaben

Putz, Leichtbauwände, Rigips, Fermacell

Mauerwerk muss vor allem auf seine Saugfähigkeit hin untersucht werden. Dies wird bei den Untergrundbehandlungen beschrieben. Grundsätzlich ist auf eine gute Verbindung von Anstrich und Untergrund zu achten und darauf, dass die Bauphysik des Gebäudes nicht gestört wird. Das heißt in aller Regel:
– Kalkanstriche
– Silikatfarben

> **Tipp aus der Praxis**
> Rote Backsteine (Ziegelsteine) sollten genau begutachtet werden. Einerseits sind sie oft sehr porös und weisen schon Frostschäden auf. Hier kann die Tragfähigkeit unzulänglich sein, und eine Verfestigung mit Wasserglas wäre zu empfehlen. Andererseits gibt es hochgebrannte Klinker, die keine hinreichende Saugfähigkeit aufweisen, um einen Anstrich zu tragen. In jedem Fall ist auf solchen Wänden ein Probeanstrich vorzunehmen.
> Beton ist genauso zu betrachten. Alter Beton ist gelegentlich oberflächlich sehr geschwächt und leidet unter Algenbewuchs. Hier muss gereinigt und gegebenenfalls verfestigt werden. Neuer Beton ist oft sehr hart und weist eine Sinterhaut auf (erkennt man an Glanz, Härte und Wasserabweisung). Dieser muss abgesäuert oder angeschliffen werden, um eine Anstrichfähigkeit herzustellen. Schalölreste dürfen selbstverständlich nicht vorhanden sein.

Neuputze

Ein richtiger Putzaufbau beginnt immer mit einem Spritzbewurf und einem Unterputz auf dem Mauerwerk. Darauf folgt ein Oberputz, der die Wand ebnet, und schließlich ein Feinputz, der die Anstrichgrundlage darstellt. Der normale Aufbau führt von innen nach außen zum feineren Korn und zu geringerer Härte. Nur wenn alle Schichten bis zum Anstrich aufeinander abgestimmt sind, erhalten wir die optimale Dauerhaftigkeit.

Wir untersuchen den Putz vor allem auf seine Tragfähigkeit hin, also seinen eigenen inneren Zusammenhalt, und vergessen dabei nicht die für einen Anstrich passende Saugfähigkeit. Diese zentralen Anforderungen gelten für alle Putzarten gleichermaßen. Putzschlämmen haben oft eine schlechte Tragfähigkeit, bei gespachtelten Flächen sollte vor allem auf die Saugfähigkeit geachtet werden. Auf einige Besonderheiten sei der Blick noch gelenkt:

Lehmputz

Lehmputze können aufgrund ihrer Zusammensetzung und Verarbeitung sehr unterschiedlich sein. Die Festigkeit hängt vor allem von der Mörtelmischung ab, ein hoher Sandanteil begünstigt das Absanden. Dabei wird ein gefilzter Putz, zumindest am Anfang, mehr absanden als ein mit der Kelle geglätteter, wo das Korn in den Verbund gepresst ist. Gelegentlich ist ein Verfestigen mit verdünntem Wasserglas sinnvoll. Die Saugfähigkeit von Lehmputzen ist in aller Regel zu hoch, so dass Grundierungen notwendig sind. Je nach geplantem Anstrich wird es sich vorrangig um Kaseingrundierung oder Kalkmilch handeln, die die Diffusionsfähigkeit des Gesamtaufbaus nicht verschlechtern. Lehmputze mit Zelluloseanteilen haben ein besseres Wasserbindevermögen.

Gipsputz

Gips ist nach wie vor ein gebräuchliches, schnelles und gut zu glättendes Innenputzmaterial. In trockenen Räumen gibt es dagegen auch kaum etwas einzuwenden, die Verarbeitung beim Putzen will allerdings geübt sein. Muss mit erhöhter oder gar dauerhafter Feuchtigkeit gerechnet werden, ist von Gips allerdings entschieden abzuraten. Er trocknet dann kaum wieder aus und ist ein guter Nährboden für vielerlei Leben, der alsbald in den Zerfall übergeht. Anstriche sind mit Leim-, Kasein- und Naturharzdispersionsfarben möglich (in Ausnahmen auch Ölfarben). Grundierungen mit Alaun-Grundiersalz sind sehr hilfreich, um eine gleichmäßig geringere Saugfähigkeit zu erhalten. Nicht möglich sind Anstriche mit Kalk- und reinen Silikatfarben, da sie keinen Partner für ihre chemische Verbindung finden und bestenfalls eine Kruste über dem Putz bilden. In der Schweiz gibt es unter dem Markennamen *Granol 24* einen empfehlenswerten maschinengängigen Gipskalkputz, der auch gut mit Kalk oder Kalkfarben überstreichbar ist.

Kalk- und Kalkzementputz

Kalk ist ein klassisches Mörtelbindemittel, fast so alt wie Lehm. Kalkputze sind in neuer Ausführung dazu prädestiniert, mit Kalkanstrichen versehen zu werden, da hier die Freskotechnik funktioniert (siehe hierzu auch das Kapitel »Sumpfkalk, Kalk, Kalkfarben«, Seite 49). In der Regel können auch Silikatfarben eingesetzt werden, gerade für ältere Kalkputze kommen auch Leimfarben in Frage. Kalkzementputz ist nicht etwas völlig anderes als reiner Kalkputz, er ist nur durch den Zementzusatz härter und wasserdichter. Wie weit das reicht, hängt vom Mischungsverhältnis des Putzmörtels ab und sollte getestet werden. Hierfür reicht meist ein Probeanstrich.

Sanierputze

Hier gibt es nun eine ganze Reihe von Spezialputzen. Man sollte sich an die Angaben der Putzlieferanten halten, kann aber durch bauphysikalische Überlegungen dem Sinn des Sanierputzes entsprechen. Handelt es sich beispielsweise um Opferputze (die nach ihrer Funktionszeit wieder abgeschlagen werden) zur Aufnahme von Salzen oder Farbstoffen, muss natürlich größtmögliche Diffusionsfähigkeit gegeben sein. Sperrputze brauchen wasserfeste Anstriche usw.

Spachtelmassen

Als Oberfläche treffen wir oft Spachtelmassen an, ihre Anstrichmöglichkeiten sind so vielfältig wie die Produkte. Gipsspachtelmassen mit und ohne Faserverstärkung sind wie Gipsputze zu behandeln. »Kunststoffvergütungen« können zu einer erheblich veränderten Saugfähigkeit führen, diese ist zu prüfen. Silikatspachtel werden natürlich mit Silikatfarben gestrichen. Kunstharzspachtelmassen sollten wieder ausgebaut werden (einzige Option wären Ölfarben und Kieselsolanstriche). Glanzputze auf Kalkbasis können nach dem Anschleifen und Entfernen etwaiger Seifen oder Wachsschichten wie Kalkputze behandelt werden. Reine Faserputze (Baumwolle usw.) sollte man eigentlich gar nicht streichen.

Putzträger

Hierunter finden sich Schilf und Reet ebenso wie Holz und Eisendraht oder Rabitzgewebe. Putzträger sind für eine mechanische Verbindung zuständig, das heißt, der Putzmörtel soll sich hinter und zwischen ihnen verfangen. Sie sind für alle Putzarten gleichermaßen zu benutzen, es bleibt eher eine Frage der konstruktiven Möglichkeiten (Befestigung, Biegsamkeit usw.).

Leichtbauwände

Auch hier kommen wir auf die Saug- und Tragfähigkeit als zentrale Fragestellung zurück. Als Besonderheit aller Leichtbauplatten, die ja an die Stelle eines Wandputzes getreten sind, bleibt ihre Uneinheitlichkeit. Die Wandoberfläche ist aus Stücken oder Platten zusammengesetzt, ihre Fugen sind die größte Herausforderung an den Anstrich. Genauer gesagt ist es die Bewegung, die zwischen den Platten stattfindet. Hierzu haben wir bei den Untergrundvorbehandlungen einiges unter Rissbildung ausgeführt. Die unterschiedlichen Materialien seien trotzdem kurz behandelt, da sie zusätzlich Anforderungen an Anstriche ergeben.

Rigips

Die klassische Recyclinggips-Ausbauplatte hat eine Papieroberfläche und ist darum ähnlich wie eine Tapete zu behandeln. Praktisch alle Anstrichmittel, außer Silikatfarben, können auf ihr zum Einsatz kommen. Das größte Problem sind die breit abgespachtelten Fugen (siehe Rissbildungen) und die erhöhte Saugfähigkeit der gespachtelten Flächen. Diese unterschiedliche Saugfähigkeit (Pappe-Spachtelmasse) macht es oft schwer, ein einheitliches Anstrichbild zu erreichen. Relativ kräftige Grundierungen und ein flüssiges Arbeiten im Kreuzgang, mit einem konsequenten Überstreichen der Nahtbereiche ermöglichen jedoch gute Anstrichergebnisse.

Gipsfaserplatten (Fermacell)

Für diese Platten gilt Gleiches wie für Rigips, nur dass die Saugfähigkeit nicht ganz so stark von den Spachtelfläche abweicht. Die Oberflächen von Fermacellplatten sollten zunächst gewaschen werden, da sie eine Art Trennschicht haben.

OSB

Das Oriented Strand Board, also die Großspanplatte, findet im modernen Holzständerbau vielfach aussteifende Verwendung. Sie hat eine Holzoberfläche und ist entsprechend zu behandeln. Sie ist weitgehend diffusionsdicht, so dass sie als Dampfsperre eingesetzt werden kann. Gegebenenfalls sollen Isolieranstriche ein Durchschlagen von Holzinhaltsstoffen (Flecken) verhindern. Putzsysteme außer Streich- und Rollputz verlangen immer eine Haftbrücke, beispielsweise mit Kalkhaftputz oder einem ähnlichen Material.

Anstrichempfehlungen:
– alle Naturfarben außer reinen Silikatfarben und reinen Sumpfkalkanstrichen
– Ölfarben auf Holzwerkstoffen und gegebenenfalls Haftgründe

Abkehr von der Natur und die Folgen

Warum hat sich die Farbenindustrie seit vielen Jahrzehnten von den natürlichen Rohstoffen abgewendet? Es gibt dafür eine ganze Reihe von Erklärungen. Letztlich münden sie alle darin, dass man sich um die wahren Bedürfnisse der Menschen nicht mehr kümmert, sondern mit ausgeklügelten Werbestrategien zum Bedürfnis erklärt, was wirtschaftlichen Erfolg bringt. Doch bei genauem Hinsehen stellt sich heraus, dass der Einsatz von Naturfarben keineswegs mit anwendungstechnischen oder teuren Lösungen erkauft werden muss. Natürliche Farben und Anstriche sind Produkte, die sowohl der Natur und der Gesundheit als auch den technischen Anforderungen gerecht werden. Für den Farbenhersteller bedeutet das, die Qualitätskriterien der Natur mit Anwender- und Verarbeitungsfreundlichkeit in Einklang zu bringen.

Bereits vor mehr als 10 000 Jahren wurden bei Höhlenmalereien in Spanien und Südfrankreich mit Umbra, Ocker, Rötel und Knochenschwarz Jagdszenen und rituelle Motive ins Bild setzt, die bis in die Neuzeit überlebt haben. Später bildete Kalk die Grundlage für monumentale Bauten und schöne, haltbare Oberflächen. Erst um 1955 kamen die Kunststoffdispersionsfarben auf den Markt, die heute allgegenwärtig sind. Grundlage bilden hierbei feinstverteilte Kunststoffteilchen im Wasser. Für Holz und Metall war lange die Ölfarbe Standard, bis die chemische Industrie Kunstharze entwickelte. Pulver- und Wasserlacke sind neuere Entwicklungen und kommen dem Bestreben nach Lösemittelreduzierung entgegen.

Die Mittel zur Oberflächengestaltung folgen einem gemeinsamen Grundmuster: Sie bestehen mindestens aus Bindemittel und Pigmenten. Hinzu kommen meist noch Lösemittel und diverse Zuschlagstoffe wie Netzmittel, Füllstoff, Weichmacher, Trockenstoffe, Entschäumer, Verlaufmittel, Antioxidantien, Emulgatoren usw. Spezielle optische oder technische Ansprüche erfordern noch weitere Zusätze. Alle diese Inhaltsstoffe von Farben haben eine spezielle Funktion – vieles ist unnötig und problembehaftet.

Die *Bindemittel* haben – wie ihr Name andeutet – die einzelnen Bestandteile eines Anstrichmittels sowohl mit dem Untergrund als auch untereinander zu verbinden. Problematisch sind Farben mit synthetischen organischen Bindemitteln wie Acryllacke, Alkydharze, Polyurethan- und Epoxidharze sowie PVC-Lacke. Sie werden aus den Rohstoffen Erdöl und Erdgas über mehrere Synthesestufen gewonnen. Zur Erzielung bestimmter Eigenschaften sind weitere bedenkliche Zusätze nötig. So macht beispielsweise die stark hautreizende Wirkung der flüchtigen Amine besondere Schutzvorkehrungen beim Verarbeiten von Epoxidharzen, etwa bei Fußbodenbeschichtungen, nötig. All diese Farben stellen durch giftige Ausgasungen auch eine Gefahr bei Bränden dar. Schließlich sterben mehr Menschen an Rauchvergiftungen durch giftige Gase als an Verbrennungen. In ökologischer und gesundheitlicher Hinsicht sind Lack- und Dispersionsbindemittel auf Erdölbasis naturfremde Syntheseprodukte mit hohem Umweltrisiko bei Rohstoffgewinnung, Herstellung, Verarbeitung und Entsorgung, vor allem aber schädlich für die Gesundheit.

Lösemittel werden auch als *Verdünner* bezeichnet, weil sie nicht nur dazu dienen, die Bindemittel und Pigmente in eine verstreichbare Form zu bringen – sie regeln auch die Konsistenz, die Viskosität und die Streicheigenschaften der Farben. Das universelle Lösemittel bildet Wasser (siehe »Wasserverdünnbare Farben und der Blaue Engel«, Seite 48). Daran erinnert sich neuerdings nach ernüchternden Erfahrungen mit den flüchtigen organischen Verbindungen auf Kohlenwasserstoffbasis sogar wieder die Farbenindustrie. Allerdings – dem Wasser sind enge Grenzen gesetzt. Es verträgt sich schlecht mit Ölen und Harzen. Für die Haut sind zunächst einmal alle Lösemittel außer Wasser problematisch, da sie fettlösend und bei längerer Einwirkung in unterschiedlichem Ausmaß narkotisierend wirken. Allerdings weisen die Lösungsmittel auf petrochemischer Basis ein sehr hohes Gefahrenpotenzial auf, gelten doch etwa Benzol, Phenol, Xylol und Toluol gar als krebserregend. Als ökologische Alternative zu den Erdölderivaten gelten die natürlichen Terpene auf der Basis von Kiefernharz oder Zitrusfrüchten. Der wesentliche Unterschied zu den synthetischen Lösemitteln ist eine jahrtausendealte Vertrautheit mit dem menschlichen Organismus.

> **Chemische Belastungen**
> Von den insgesamt bekannten sechs Millionen chemischen Substanzen kann der Mensch mit etwa 70 000 in Berührung kommen. Man rechnet heute mit einem jährlichen Zuwachs von etwa 300 Substanzen. Etwa 7000 dieser Chemikalien sind näher untersucht. Ungefähr 500 Jahre würden vergehen, wenn man alle bekannten synthetischen Stoffe in ihrer Wirkung auf den Menschen untersuchte. In diesen Fällen könnte man über die Einzelsubstanz etwas sagen, aber noch immer nichts über die Summe der Wirkungen, denen der Mensch ausgesetzt ist.

Farbiger Giftcocktail in der Sondermülldeponie Kölliken.

Runge und die Teerfarbenindustrie

Friedlieb Ferdinand Runge (1794–1867) gilt als eine der originellsten Gestalten der Chemiegeschichte. Er promovierte 1819 über Belladonna, eine Arbeit, die sogar Anerkennung von Johann Wolfgang von Goethe erhielt. Später wurde er einer der Leiter der »Chemischen Produktefabrik zu Oranienburg«. Er war der Erste, der Chinin, Catechin, Purpurin und Koffein isolierte. Seine Untersuchungen des Steinkohlenteers ab 1831 führten zur Auffindung von Anilin, Pyrrol, Chinolin, Phenol und den ersten synthetischen organisch-chemischen Farben. Runge gilt als Begründer des Zeitalters der Teerfarbenindustrie. Es entbehrt nicht einer gewissen Ironie, dass sein Buch »Zur Farben-Chemie« mit dem Untertitel »Musterbilder für Freunde des Schönen« erschien.

Auf natürliche Bindemittel wie Dammar, Mastix, Kolophonium, Harze, Wachse, Öle, Stärke usw. werden wir noch ausführlich eingehen. Hier möchten wir nur kurz skizzieren, welche schwerwiegenden Mängel Farben mit synthetischen organischen Bindemitteln wie Acryllacke, Alkydharze, Polyurethan- und Epoxidharze sowie PVC-Lacke für das Raumklima aufweisen.

Mangelnde Leitfähigkeit

Praktisch alle synthetischen Bindemittel wie Kunstharze, Acrylharze und Alkydharze sind hervorragende Isolatoren, also Nichtleiter. Das mögen in bestimmten Fällen sogar erwünschte Eigenschaften sein. Doch als Folge dieser Eigenschaft bauen sich schon durch einfache Reibung der vorbeistreichenden Luft elektrostatische Felder auf. Dies kann mit Zusatzstoffen gemildert, aber nicht verhindert werden. Doch gibt es noch weitere Bedenken: Die so aufgeladenen Flächen ziehen Staub und Bakterien an, die sich als Film auf der Oberfläche ablagern. Die scheinbare Sterilität wird also zur Gesundheitsgefährdung.

Fehlende Diffusionsfähigkeit

Viele der auf Kunstharzen aufgebauten Anstriche sind gegenüber Wasserdampf und anderen Luftgasen praktisch undurchlässig. Das ist biologisch und bautechnisch bedenklich. Dampfdicht gestrichene Wände, Decken, Böden, Holzverkleidungen usw. reduzieren den ohnehin schon drastisch behinderten Austausch zwischen Raum- und Außenluft. Die Folge sind erhöhte Kohlendioxidkonzentrationen, Ansammlung von Geruchsstoffen und statische Auflagung der Raumluft sowie stark erhöhte Belastungen mit dem radioaktiven Radongas. Bautechnisch bedenklich ist die mangelhafte Diffusionsfähigkeit und Atmungsaktivität, weil sie Feuchtigkeitsschäden und Schimmelpilzbildung Vorschub leistet.

Mangelhafte Sinneseindrücke

Der sinnlich-taktile Eindruck von Oberflächen wird häufig vergessen, doch gerade hier liegt ein wichtiger Grund, sich für Naturprodukte zu entscheiden: Man denkt an Holz und greift auf eine speckglänzende, strukturlose, ideal glatte, pflegeleichte Kunststoffoberfläche. Vergleichen Sie solche Oberflächen einmal mit solchen, die mit natürlichen Harzen, Wachsen und Ölen oder mit Bienenwachsbalsam behandelt worden sind.

Fehlende toxikologische Sicherheit und mangelhafte Umweltverträglichkeit

sind weitere Kriterien, die eine kritische Distanz zu synthetischen Bindemitteln ratsam erscheinen lassen. Naturfarben dienen dagegen der Werterhaltung und der Gesundheit und fügen sich in Naturkreisläufe ein. Und selbst beim Preis ist das Bild häufig schief, da die Farben der Petrochemie die ökologischen und gesundheitlichen Folgekosten nicht selbst tragen müssen.

Es leuchtet sicher ein, dass Oberflächenmittel, deren wichtigste Komponente gravierende biologisch-ökologische und physikalische Mängel aufweisen, keine guten Voraussetzungen für ein gesundes Wohnklima schaffen.

Wandfarbensysteme: Struktur und Porosität

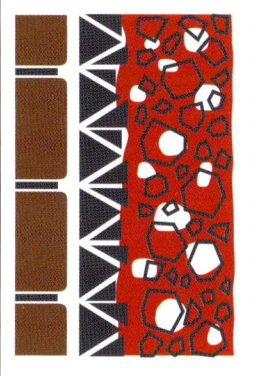

Scheuerfeste, kunstharzgebundene Dispersionsfarbe
Der dichte Anstrichfilm lässt keinen Wasserdampfaustausch mit dem porösen Untergrund zu. Rückseitige Durchfeuchtung führt schnell zu Feuchteschäden im Mauerwerk; es gibt keine Verdunstungsfläche ins Rauminnere. Im Winter wirkt extrem trockene und verbrauchte Heizungsluft auf den Bewohner.

Naturharz-Dispersionsfarbe, waschbeständige Qualität
Porosität und Bindekraft des Filmes sind in einem ausgewogenen Verhältnis. Poröse, unversiegelte Bausubstanz wirkt wie ein Puffer gegen Feuchtespitzen und Luftschadstoffe, das Raumklima ist ausgeglichener. Kältebrücken oder mangelnde Durchlüftung führen nicht sofort zu Schwitzwasser an den Wänden.

Äußerst offenporiger Kalk-, Kalkkasein- oder Silikatanstrich
Pigmente und Füllstoffe sind nicht mit dem Untergrund »verklebt«, sondern in ein filigranes, tief im Putz verankertes Mineralgerüst eingebunden. Putz und Farbe bilden eine kapillaraktive Einheit. Für Luftkalkmörtel, Lehm und Fachwerk, ob historisch, technisch oder baubiologisch motiviert, ein absolutes Muss.

mineralischer Untergrund — Anstrich

Welche Farbe passt auf welchen Untergrund?

In dieser Tabelle finden sich Vorschläge, welche Anstrichsysteme zu welchen Untergründen passen

Mögliche Anstriche → / Untergrund ↓	Leim-farbe	Kasein-farbe	Wässrige Lasuren	Kalk-farbe	Rein-silikat-farbe	Dispers-silikat-farbe	Öllasur	Ölfarbe	Hartöl	Wachse	Kieselsol-anstrich
Beton		X		X	X	X					X
Zementputz	X	X		X	X						X
Kalkmörtel	X	X		X	X						X
Gips	X	X				X	X	X		X	X
Lehm	X	X		X	X						X
Gasbeton				X							
Kalksandstein	X	X		X	X	X					X
Backstein	X	X		X	X	X		X	X		X
Klinker	X	X				X		X		X	X
Gipskarton	X	X				X					X
Fermacell	X	X		X		X					X
Heraklit				X							
Kunststoff											X
Weichfaser	X	X									
OSB							X	X		X	X
Holz		X		X			X	X	X	X	X
Altanstriche*:											
Leimfarbe	X										
Kalkfarbe	X		X	X							
Silikatfarbe	X		X	X	X						X
Dispersion	X	X	X			X	X	X		X	X
Latex o.ä.							X			X	X
Ölfarbe							X	X		X	X
Lacke								X		X	X

*nach Prüfung

Farben, Verputze, Wandaufbauten: Tipps aus der Praxis

Leimfarben

- günstig
- selbstbaufreundlich
- verbessern das Wohnklima
- kompostierbar
- Ausgangsprodukte regional verfügbar
- gut renovierbar
- können mit Erd- und Mineralpigmenten eingefärbt werden
- werden fertig und in Pulverform zum Selbstanrühren angeboten

Leimfarben gehören zu den einfachsten Anstrichsystemen. Sie bestehen nur aus einem Bindemittel – früher oft Knochenleime oder Stärkekleber, heute meist Methylzellulose – und Farbpulver. Diese Mischung aus mineralischen Mehlen, meist Kreide, Marmor oder Kieselerde, sorgt für Füllkraft und Deckvermögen der Farbe. Leimfarben stehen zu Unrecht im Ruf, minderwertige Anstriche zu liefern. Bis etwa ins Jahr 1960 waren sie die verbreitetsten Farben: preiswert, einfach in der Verarbeitung, unkompliziert bei Renovierungen und vielseitig verwendbar. Leimfarbenanstriche sind diffusionsoffen und haben damit positive Eigenschaften auf das Raumklima und auch auf die Gesundheit. Und Leimfarben können, richtig verarbeitet, durchaus repräsentieren: Über Jahrhunderte entstanden wunderschöne Wandgemälde in Schlössern, Opernhäusern und Kirchen, die teilweise heute noch zu bewundern sind.

Erst durch das Aufkommen der verarbeitungsfertigen Kunststoffdispersionsfarben verschwanden Leimfarben trotz all ihren Vorteilen vom Markt, wohl zugunsten der bequemen Überstreichbarkeit der Plastikhäute. Sie bleiben jedoch am richtigen Ort und richtig verarbeitet immer noch empfehlenswerte Anstriche. Wer die Zusammensetzung einer reinen Leimfarbe betrachtet, sieht sofort, wo diese an ihre Grenzen stößt. Da der Leim wasserlöslich bleibt und nur wischfest auftrocknet, eignen sich Leimfarben nur für Innenräume und für wenig beanspruchte Flächen. Ungeeignet sind sie für Räume mit einer hohen Luftfeuchtigkeit und häufigem Feuchtewechsel wie Keller, Waschküchen oder Bäder. Dafür ist das Abwaschen alter Leimfarben vor dem Neuanstrich

Leimfarbenanstriche: einfach, günstig, wieder abwaschbar.

sehr einfach. Entweder werden sie mit Wasser eingeweicht und später mit einem Spachtel abgekratzt oder gleich mit viel Wasser und Schwamm oder Bürste heruntergewaschen. Dieses Abwaschen kann in bestimmten Fällen sogar überaus sinnvoll sein, beispielsweise bei verrauchten Räumen. Leimfarben sind auch hervorragend geeignet für Stuckdecken. Viele dieser Decken in Privathäusern und Schlössern mussten nach mehreren Dispersionsanstrichen aufwendig saniert werden, da der Stuck völlig überdeckt war. Mit den bewährten Leimfarben wäre das nicht passiert.

Mehrere Hersteller bieten klassische Leimfarben an. Sie werden als Pulver geliefert, das in Wasser eingerührt wird und einige Zeit quellen muss. Die Farbe muss dann gegebenenfalls noch verdünnt werden, so dass sie die richtige Konsistenz zum Streichen hat. Die Leimfarbe soll dünn-cremig sein. Das ist die Voraussetzung, um sie zu einer strichfreien Fläche verarbeiten zu können, ohne dass sie an der Wand abläuft. Die Deckfähigkeit ist in der Regel gut, die Farben können ohne Probleme mit Erd- und Mineralpigmenten abgetönt werden.

Zum Schablonieren ist Leimfarbe gut geeignet, da sie die Schablone nicht verklebt. Auch zum Strichziehen oder für viele einschichtige Dekorationsarbeiten wie Stupf- oder Wickelarbeiten kann sie eingesetzt werden. Das Überstreichen von Leimfarbe mit Leimfarbe ist mit viel Fingerspitzengefühl übrigens nicht völlig ausgeschlossen. Voraussetzung ist aber ein sehr guter Erstanstrich und ein deutlich reduzierter Bindemittelanteil im Neuanstrich.

Leimfarben haben einfache, überschaubare Rezepturen. Das ist immer ein nicht zu unterschätzender Pluspunkt. Eine billigere Farbe gibt es nicht, und Reste sind kompostierbar. Die traditionelle Leimfarbe besteht nur aus Kreide, die mit 5 bis 7 Prozent Leim gebunden ist. Auch die Inhaltsstoffe der anwendungsfreundlichen Leimfarben-Pulver der Naturfarbenhersteller sind durch Volldeklaration überschaubar:

Leimfarbe von Kreidezeit: Kreide, Marmormehl, Talkum, Porzellanerde, Methylzellulose,

Leimkreidefarbe von Auro: Kreide, Talkum, Kaolin, Methylzellulose, Kieselsäure, Silikate.

Die Marmormehle, Porzellanerden und Silikate verbessern die Wischfestigkeit der Leimfarben, so dass sie auch für leicht beanspruchte Wände gut geeignet sind.

Tipp aus der Praxis
Farbpulver in die angegebene Menge kaltes Wasser einrühren. Zum Anrühren ist eine Bohrmaschine mit Rührquirl zu empfehlen. Mindestens 30 Minuten ruhen lassen und dann nochmals kräftig durchrühren. Die Farbe muss mit Wasser auf eine für den jeweiligen Untergrund gute Verstreichfähigkeit eingestellt werden, das heißt, es ist gegebenenfalls noch geringfügig Wasser hinzuzugeben. Die fertig angerührte Farbe mit Malerbürste (Quast) oder Rolle gleichmäßig auf die vorbereiteten Untergründe auftragen. Während der Verarbeitung ist die Farbe durchscheinend; erst nachdem sie durchgetrocknet ist, erreicht sie ihre volle Deckfähigkeit.

Untergründe und Vorbereitung

Die Untergründe müssen trocken, fest, sauber, fettfrei und frei von durchschlagenden Stoffen sein. Ölfarbenanstriche, Kunststoffbeschichtungen sowie alle glatten, nicht saugfähigen Flächen müssen angeschliffen werden. Dauerfeuchte Untergründe sind ungeeignet. Erschöpfte Leimfarbenanstriche und kreidende, nicht tragfähige Altanstriche gründlich abwaschen. Sandende Untergründe abfegen und verfestigen. Gipsputze mit Alaun-Grundiersalz vorbehandeln. Durchschlagende Stellen mit Schellack-Isoliergrund absperren. Kalk- und Lehmputze mit Farbenleim grundieren. Holz-, Span- und Hartfaserplatten anschleifen.

> **Tipps aus der Praxis**
> Wir können dem Prinzip alter Malerwerkstätten folgen. Dort gab es ein Fässchen fertigen Leim, der bei Bedarf sofort entnommen werden konnte. Dieser Leim wurde in aller Regel durch ein Sieb gestrichen, eine Technik, die für verklumpten Leim noch immer sehr hilfreich ist. Mit kräftigem Rühren oder mit Hilfe des Quirls erhalten wir meist glatten, homogenen Kleister. Beim Einkauf von Farbenleim wird das Mischungsverhältnis genau angegeben, meist rührt man zunächst dicken Leim an, der nach dem Quellen mit Wasser etwas verdünnt wird. Der Leim wird etwa 25 bis 35 Prozent der fertigen Farbe ausmachen. In der etwa dreifachen Menge wird ein Farbsumpf angerührt, der aus Kreide, Marmormehlen, anderen weißen oder neutralen Gesteinsmehlen und gegebenenfalls einem Pigmentanteil besteht. Dieser wird ebenfalls in Wasser eingerührt. Der Farbsumpf soll eine eher dicke, farbähnliche Konsistenz haben.
> Die beiden Komponenten dürfen gern etwas länger quellen und werden dann sehr gut vermischt. Durch vorsichtiges Verdünnen mit Wasser wird die endgültige Konsistenz hergestellt. Vor Beginn der Arbeit wird eine Anstrichprobe gemacht. Die Farbe soll vor allem nicht kreiden, also abfärben. In solch einem Fall kann nachgeleimt werden. Mit einem bis eineinhalb Liter Farbe können etwa zehn Quadratmeter gestrichen werden.

Hersteller von Leimfarben: Auro Leimkreidefarbe, Kreidezeit Leimfarbe, Livos, Haga, Thymos, Biofa

Kaseinfarben

- günstig
- selbstbaufreundlich
- verbessern das Wohnklima
- kompostierbar
- Ausgangsprodukte regional verfügbar
- gut renovierbar
- wischbeständig
- können mit Erd- und Mineralpigmenten eingefärbt werden
- werden in Pulverform zum Selbstanrühren angeboten

Kaseinfarben sind für den Innenbereich eine gute Wahl. Als selbstanzurührende Pulverfarben sind sie günstig, selbstbaufreundlich und können auf sehr vielen Untergründen angebracht werden. Sie liefern schöne, ausdrucksstarke Anstriche und bestehen aus Materialien, die jeder kennt und die regional verfügbar sind. Auch der dezente Duft der Molkerei verfliegt spätestens nach ein paar Tagen und macht einer angenehmen Wohnatmosphäre Platz. Die Kalkkaseinfarbe wird schon höheren Ansprüchen (Feuchtigkeit, Wischfestigkeit) gerecht. Der nächste Schritt wären reine Kalkanstriche oder Silikatfarben.

Milch ist, technisch gesehen, eine Emulsion aus Kasein, Wasser, Fett, Milchzucker und verschiedenen Salzen. Das Kasein oder Milcheiweiß ist eine Verbindung von mehr als 20 Aminosäuren: chemisch ein recht komplizierter Stoff, als biologischer oder natürlicher Rohstoff ist Kasein jedoch denkbar einfach herzustellen oder zu gewinnen und außerdem regional verfügbar.

Bereits im alten Ägypten wurde mit Milcheiweißen gearbeitet. Aus althebräischen Texten geht hervor, dass Milch und Erdfarben für Malerarbeiten verwendet wurden. Wandmalereien in der Sixtinischen Kapelle und Freskogemälde an Innen- und Außenwänden verdanken ihre Haltbarkeit den gleichen alten Rezepten. Nach einer

Kaseingebundene Lasur, abgetönt mit Mineralpigmenten (Foto: Martin Krampfer, Hamburg).

Durststrecke und vielen Versuchen und Erprobungen liefern heute fast alle Naturfarbenhersteller Kaseinfarben. Den Überblick über Kaseinfarben zu behalten ist wegen unterschiedlicher Namensgebung nicht ganz einfach. Es gibt gute Gründe für die Renaissance: Kaseinfarben sind gesund, umweltfreundlich aus regional verfügbaren Rohstoffen hergestellt, anwendungssicher und beständig.

Kasein oder Quark allein sind für die Farben- oder Kleberherstellung nicht zu gebrauchen, da sie keine Bindekraft haben. Kasein muss aufgeschlossen werden. Erst durch das Vermischen mit alkalischen Stoffen entfaltet es innerhalb weniger Minuten Bindekraft, die sich nach mehreren Stunden noch steigert. Eine Prise Borax macht aus einem Becher Magerquark einen Topf Leim. Dieser Kaseinleim, der auch als Bindemittel dient, besitzt eine außerordentliche Festigkeit und Klebkraft.

Kaseinfarbenanstriche sind sehr wischfest und gut überstreichbar. Der strapazierfähige, harte Anstrich hat allerdings auch seine Tücken. Auf schwachen Untergründen mit zu geringer Tragfähigkeit können sie leichter abblättern als weichere Farben. Altanstriche als Untergrund sind also besonders genau zu prüfen. Bei lockeren Putzen ist eine Verfestigung notwendig. Stark saugende oder sehr lockere Untergründe benötigen eine Grundierung mit verdünntem Kaseinleim (Kaseingrundierung). Da die unterschiedlichen Anstrichvarianten anwendungstechnische Besonderheiten aufweisen, müssen wir diese im Einzelnen ansprechen.

Alkalikaseinfarbe, Kalkkaseinfarbe

Die *Alkalikaseinfarbe* ist eine bequem zu verarbeitende Farbe für Innenanstriche. Das Kasein ist bei ihr mit Alkalien aufgeschlossen, meist Borax. Auch mit Pottasche, Hirschhornsalz, Soda oder anderen Alkalien ist das möglich. Diese Farben sind mild-alkalisch, also ohne besondere Sicherheitsvorkehrungen zu verarbeiten. Haushaltsübliche Reste können, soweit keine problematischen Pigmente zugesetzt wurden, auf dem Komposthaufen abgebaut werden. Die Verarbeitung unterscheidet sich kaum von den heute üblichen Dispersions- oder Binderfarben. Alkalikaseinfarbe kann sowohl mit Pigmenten als auch mit Abtönpasten sehr kräftig eingefärbt werden.

Bei *Kalkkaseinfarben* wird das Kasein mit Kalk aufgeschlossen. Weißkalkhydrat oder Sumpfkalk sind geeignet; Zusätze von Kreide, Porzellanerde usw. sind üblich. Kalkkaseinfarben sind mit Erdfarben abtönbar. Durch den Kalk entsteht in diesem Fall Kalkkasein, das eine höhere Wasserfestigkeit aufweist. Es ist also sinnvoll, Kalkkaseinfarben für ungeheizte Räume mit einer potenziell etwas schwierigeren Lage als Wohnstuben einzusetzen.

Kaseinfarben sind bewährte Anstrichmittel, die auf allen normal saugenden Untergründen eingesetzt werden können. Sie decken in der Regel sehr gut, so dass selbst auf gelblichen Lehmputzen, gemusterten Tapeten oder braunen Weichfaserplatten manchmal ein Anstrich ausreichend ist. Kaseinfarben trocknen schnell und sind dann sehr wischbeständig. Verschiedene Hersteller haben durch den Zusatz von Kieselgur, Kaolin, Marmormehl und Methylzellulose die Farben noch anwendungssicherer gemacht. Für besondere Anforderungen können Öle oder Harze zugemischt werden. Auf diese Weise erhalten wir *Kaseintemperafarbe*, die auch als Plakatfarbe (Plakafarbe) bekannt ist. Da Kasein nicht nur Bindemittel, sondern auch Emulgator ist, kann eine Mischung mit Ölen erfolgen. Solch ein Zwischending zwischen Öl- und Wasserfarbe hat eine wesentlich höhere Beständigkeit als Kaseinfarbe allein (siehe Kaseintemperafarben). Früher wurden Kaseinfarben etwa 2 Prozent Leinölfirnis zugesetzt. Bei Alkalikaseinfarben diente der Leinölfirnis als Weichmacher zum Spannungsabbau, bei Kalkkasein auch zur Kalkseifenbildung, was eine begrenzte Wetterfestigkeit ergibt.

Um Waschbeständigkeit für Wandanstriche zu erreichen, haben wir auch schon 30 Prozent Öl erfolgreich zugesetzt. Hier sollte allerdings Safloröl genommen werden, da es nicht wie Leinöl vergilbt. Außerdem muss der entstehenden Transparenz mit zusätzlichen Pigmenten entgegengearbeitet werden. Solch eine Farbe nähert sich schon sehr den Naturharzdispersionen (Kaseinmarmormehlfarbe Kreidezeit und Safloröl). Gute Erfahrungen haben wir mit dem Spachteln von Kaseinfarben gemacht. Sie lassen sich gut mit Erd- und Mineralpigmenten einfärben und sind sehr schön mit dem Spachtel zu verdichten. Wird der Anstrich nach dem ersten Anziehen noch einmal mit einem sauberen Spachtel überarbeitet, kann er geradezu poliert werden. Ein etwaiger Wachsüberzug tut ein Übriges, vor Renovierungsanstrichen müsste dieser dann abgelaugt werden (Soda).

Kaseinfarben gibt es mittlerweile von mehreren Naturfarbenherstellern. Die Kreidezeit Naturfarben GmbH hat sich auf Kaseinprodukte spezialisiert. Alle Pulverprodukte sollten immer nach Herstellerangaben angerührt werden. Grundsätzlich müssen Kaseinfarben dünn gestrichen werden. Das beugt nicht zuletzt Rissbildungen vor. Alle Produkte sollten möglichst frisch verarbeitet werden, da einmal angerührte Kaseinfarben schnell verderben. Auch konservierte Fertigkaseinfarben haben eine begrenzte Haltbarkeit!

Kaseintemperafarben

Bei den Kaseinemulsionen, deren bekannteste die Kaseintemperafarbe ist, handelt es sich um Verbindungen aus Leinöl und Wasser, die stabile Emulsionen eingehen. Die Haltbarkeit der fertigen Farben im Gebinde ist immer begrenzt, die Anstriche mit diesen sind dafür sehr langlebig. Alle Anstrichmittel dieser Gruppe sind wegen des Wassergehalts unbedingt frostfrei zu lagern.

Da Kaseintemperafarben Wasser-Öl-Gemische sind, vereinigen sie die guten Eigenschaften zweier Farbsysteme: Das Öl hebt die Sprödigkeit und die Spannungen des trocknenden Kaseinleims auf und bringt dadurch Elastizität in den Anstrich. Die wasserverdünnbare Farbe kann auf Lösungsmittel verzichten, die Streichfähigkeit ist durch das Wasser gegeben. Die Pigmente behalten ihre

Kasein liefert schöne, leuchtende Farben (Foto: Kreidezeit Naturfarben GmbH).

typische Farbigkeit, außerdem ist die Trockenzeit bei diesem Anstrichsystem sehr kurz.

Kaseintempera wurde traditionell in der Bauernmalerei auf Truhen, Schränken und Türen, aber auch zur Ausmalung ganzer Bauernstuben eingesetzt. Ebenso finden sich gut erhaltene Kirchenausmalungen, wie beispielsweise in der 300-jährigen Hildesheimer Domkirche. Kaseintempera kann sehr gut mit Wachsüberzügen versehen und aufpoliert werden, was ihr einen Lackcharakter mit Seidenglanz verleiht.

Eitempera (Ovolin)

Eine kleine schwedische Firma produziert Eieröltemperafarben unter dem Namen Ovolin für ihren einheimischen Denkmalbereich. Eitempera ist uns sonst nur aus dem künstlerischen Zusammenhang bekannt. Eiweiß ist ein UV-beständigeres Bindemittel als Kasein. Da auch das Hühnerei sehr gute Emulgatoreigenschaften besitzt, können ähnliche Anstriche wie mit Kaseintempera erstellt werden. Ein Teil der Produktion wird mit reinem Leinöl vorgenommen, was Trockenzeiten von bis zu vier Wochen verursacht. Die mit Leinölfirnis angesetzten Chargen sind schon nach einigen Stunden staubtrocken, brauchen aber bis zum Aushärten etwa vier Tage. Ascorbinsäure als Konservierer verleiht den fertigen Farben eine Haltbarkeit im Gebinde von bis zu einem Jahr. Die hellen Farbtöne werden allesamt mit Zinkweiß angerieben, was ihnen sogar im Außenbereich akzeptable Standzeiten einträgt.

Kaseingrundierung

Die farblos-transparente Grundierung ist vielfältig einsetzbar. Die Pulver auf der Basis von Kasein, Borax, Kieselsäure oder Soda, Natron, Pottasche werden nach Angaben der Hersteller mit Wasser angerührt. Sie setzen die Saugfähigkeit stark sandender Untergründe herab und gleichen unterschiedliche Saugfähigkeit aus, sie verfestigen sandende Untergründe, sind farblos transparent und leicht mit Fassaden- und Deckenbürsten (Quast) zu verarbeiten. Sie können nicht gespritzt werden, und auch Roller sind ungeeignet, um sie aufzutragen.

Vor Beginn großflächiger Arbeiten sollten unbedingt Probeanstriche ausgeführt werden, um das Verhalten des Untergrunds zu bewerten und mögliche Störungen rechtzeitig zu erkennen. Der Auftrag der dünnflüssigen Grundierung muss unbedingt von unten nach oben erfolgen, um die Bildung von Läufern zu vermeiden. Bei kleineren Flächen kann auch mit verdünnter Kaseinfarbe grundiert werden.

Tipp aus der Praxis

Beim Ansetzen der Farbe wird immer zuerst das Wasser abgemessen und dann das Farbpulver hineingerührt. So vermeidet man eine Klumpenbildung und bekommt homogene Anstrichmittel. Nach einer Quellzeit wird die Farbe noch einmal schlankgerührt und nun endgültig mit Wasser auf die gewünschte Streichfähigkeit eingestellt.

Untergründe und Vorbereitung

Die Untergründe müssen trocken, fest, sauber, fettfrei und frei von durchschlagenden und färbenden Stoffen sein. Ungeeignet sind Ölfarbenanstriche, Kunststoffbeschichtungen, Dispersionsfarben sowie alle glatten, nicht saugfähigen Flächen und dauerfeuchte Untergründe. Erschöpfte Leimfarbenanstriche und kreidende, nicht tragfähige Altanstriche sollten auf jeden Fall gründlich abgewaschen werden. Sandende Untergründe abfegen. Gipsputze mit Alaun-Grundiersalz vorbehandeln. Durchschlagende Stellen mit Schellack-Isoliergrund absperren. Geeignete Werkzeuge sind Decken- und Fassadenbürsten (Quast) und Farbrollen (nicht aber bei der Kaseingrundierung). Kaseinfarben können gut mit Airless-Spritzgeräten verarbeitet werden.

Farbenleim in Kalkfarben

Farbenleim eignet sich auch als Zusatz von Kalkfarben im Innenbereich. Er verbessert die Streichfähigkeit. Die Kalkfarbe wird zusätzlich gebunden und funktioniert auch ohne perfekte Carbonatisierung. Eine Empfehlung: 100 Gramm Farbenleim auf zweieinhalb Liter Wasser (Verhältnis 1:25). Dieser Ansatz wird der fertigen Kalkfarbe in einer Menge von höchstens 10 Prozent zugesetzt. Zu überlegen ist allerdings, ob nicht gleich fertige Sumpfkalkfarben eingesetzt werden sollten.

Hersteller von Kaseinfarben: Auro, Kreidezeit, Ecotec, Aglaia, Leinos, Livos, Sehestedter, Haga, Thymos

Naturharzfarben

- baubiologisch, ökologisch und raumklimatisch empfehlenswert
- hohe Deckkraft
- waschbeständig
- gut zu reinigen und abriebfest
- diffusions- und absorptionsfähig
- Auro Naturharz-Fassadenfarbe auch für Außenanstriche geeignet
- geeignet für: Wand- und Deckenanstriche innen, auch für stark beanspruchte Räume und Nasszellen

Naturharzfarben und Naturharzdispersionsfarben sind die natürlichen Entsprechungen der Kunstharzdispersionsfarben. Sie enthalten in Wasser gelöste und emulgierte pflanzliche Öle und Harze. Diese Anstrichmittel sind von den Naturfarbenherstellern entwickelt worden und finden ihr Vorbild in alten Emulsionsfarben. Sie vereinen gewissermaßen die Eigenschaften der Leimfarben mit technischen Aspekten der modernen Kunstharzanstrichmittel. Letztere sind unter der Sammelbezeichnung Dispersionsfarben oder etwas aus der Mode gekommen auch als Binderfarbe im Handel.

Naturharzdispersionsfarben

Naturharzdispersionsfarben sind stärker gebunden als etwa Leimfarben. Sie neigen trotzdem weniger zum

---

Die Farbe und ihr Preis

Bei Farben ist der Literpreis oft das wichtigste Verkaufsargument. Bei genauem Hinsehen bildet er jedoch nur einen zweitrangigen Faktor. Wichtiger sind Ergiebigkeit und Deckvermögen und die Frage, ob einmal streichen den Untergrund bereits gleichmäßig abdeckt. Nur die tatsächlichen Kosten pro Fläche lassen einen Vergleich zu. Eine Rolle spielt auch die Frage der Renovierungsintervalle und des Aufwands. Und schließlich geht es auch um Fragen der Qualität der Inhaltsstoffe und damit der Gesundheit. Farben, Verputze, Wandaufbauten sind in der Lage, Luftschadstoffe zu absorbieren, sie können jedoch auch über Lösemittel und weitere Chemikalien die Raumluft belasten.

Abblättern und Reißen, da die Öle mit ihrer Weichmacherfunktion Elastizität bewirken. Sie sind überstreichbar und wegen minderer Saugfähigkeit gut für anschließende Lasurtechniken geeignet. Wie gut ihre Deckfähigkeit ist, hängt stark vom Einzelprodukt ab. Leider ist häufig Titandioxid für den Weißgrad zuständig, einige Produkte haben einen matten Glanz. Damit sich Viskosität einstellt, werden oft Zellulose beziehungsweise Holzmehle zugegeben.

Dispersion – die Feinstverteilung

Kunststoffdispersionsfarben beherrschen heute den Markt und sind allgegenwärtige Anstrichmittel. Da sie in der Verarbeitung wenig anspruchsvoll und zudem relativ preisgünstig sind, wurden sie schnell zum Standardmaterial für Wandanstriche innen und außen. Sie enthalten ein Kunstharz, zumeist ein Acryl- oder Acryl-Styrol-Polymer. Dieses Bindemittel verklebt nach dem Verdunsten des Wassers mit dem Untergrund. Dispersion bedeutet feinste Verteilung eines Stoffes in einem anderen. Aus ökologischer und gesundheitlicher Sicht sind synthetische Lack- und Dispersionsbindemittel naturfremde Produkte mit hohem Umweltrisiko bei Rohstoffgewinnung, Herstellung, Verarbeitung und Entsorgung. Müssten die Kunststoffdispersionsfarben, heute gern mit lösemittelfrei und waschbeständig beworben, voll deklariert werden, hätten wir Einblick in den Chemikaliencocktail. Viele der Synthesechemikalien sind krebserregend. Ohne diese Chemikalien ist jedoch keine Kunstharzsynthese möglich. Die Entsorgung von Altanstrichen wird in Zukunft voraussichtlich immer teurer!

Holzschutz außen.

Da diese Dispersionen als Fertigprodukte gehandelt werden, wird immer viel Wasser mitgekauft. Außerdem ist dadurch eine Konservierung notwendig, die bei Naturfarben durch natürliche ätherische Öle erfolgt. Naturharzfarben weisen ein hohes Deckvermögen auf und sind für den Laien leicht zu verarbeiten. Da sie zu den filmbildenden Farben gehören, also ein verklebendes organisches Bindemittel besitzen, ist ihre Porosität nicht so ausgeprägt wie bei mineralischen Farben.

Tipp aus der Praxis
Naturharzfarben sind in Wohn- und Gewerberäumen, Schulen und Kindergärten auf allen tragfähigen Wand- und Deckenflächen universell einsetzbar. Sie eignen sich auch für Nasszellen und stark beanspruchte Räume, vor allem aber für Rauhfasertapeten, Kalk- und Gipsputze, Leichtbauelemente und tragfähige Altanstriche. Naturharzfarben müssen vor der Verarbeitung gründlich aufgerührt werden. Geeignete Arbeitsgeräte: Bürste (Quast), Roller oder Airless-Spritzen. Diese Farben sind wasserverdünnbar. Die meisten Hersteller bieten Abtönfarben an.

Untergründe und Vorbereitung

Der Untergrund für Naturharzfarben muss sauber, trocken, fest, saugfähig, fettfrei, trag- und haftfähig und ohne durchschlagende Inhaltsstoffe sein. Die Angaben der Hersteller beachten. Bei stark saugendem Putz drängt sich ein Voranstrich (Vorleim) auf. Glatte Flächen (Klinker) mit Naturharz-Haftgrund vorstreichen.

Hersteller von Naturharzfarben: Aglaia, Auro, Leinos, Livos, Sehestedter, Biofa, Haga.

Wasserverdünnbare Farben und der Blaue Engel
Das deutsche Umweltbundesamt vergibt zusammen mit dem RAL (Deutsches Institut für Gütesicherung und Kennzeichnung) das Umweltzeichen Blauer Engel. Diese Produkte zeichnen sich durch besondere Umweltfreundlichkeit aus, und zwar unter ganzheitlicher Beachtung des Umweltschutzes und eines sparsamen Rohstoffverbrauchs, ohne dass dadurch die Gebrauchstauglichkeit und die Sicherheit beeinträchtigt wird. Das Umweltzeichen wird im Anstrichsektor nur für die folgenden Produkte vergeben: für Wasserlacke mit maximal 10 Prozent organischen Lösemitteln und keinen toxischen Schwermetallen sowie für nicht wasserverdünnbare, jedoch festkörperreiche Lacke (sogenannte high solids) mit maximal 15 Prozent Lösemitteln. Im Hinblick auf die Lösemittelreduzierung mag eine solche Auszeichnung zwar sinnvoll erscheinen, die Kriterien lassen jedoch Faktoren wie Rohstoffbasis, Regenerierbarkeit oder ökologische Stoffbilanz völlig außer Acht. So kann ein Wasserlack mit Umweltzeichen an der Freisetzung von krebserregenden Synthesechemikalien wie Chlorgas, Phenol, Benzol, Anilin, Phosgen und karzinogenen Monomeren ursächlich beteiligt sein. Die Entsorgung über Kompostierung ist anders als bei den Naturfarben aufgrund von Komponenten wie Bioziden, chlorierten und aromatischen Kohlenwasserstoffen nicht möglich, sondern nur über Sondermüllverbrennung und damit über Freisetzung von Dioxinen und Furanen. Blauer Engel hin oder her: Produkte auf der Basis von Kalk, Kasein oder Leinöl sind für Mensch und Natur die bessere Wahl.

Sumpfkalk, Kalk, Kalkfarben

- günstig
- selbstbaufreundlich, Sumpfkalk arbeitsaufwendig
- verbessern das Wohnklima
- Ausgangsprodukte regional verfügbar
- gut renovierbar
- diffusionsfähig
- desinfizierend
- feuchtigkeitsresistent
- Kalkfarben können mit Erd- und Mineralpigmenten eingefärbt werden
- Farbreste sind kompostierbar
- geeignet für Decken- und Wandanstriche innen und außen, gut für Nassräume
- Produktübersicht: Sumpfkalk, Marmorsumpfkalk, modifizierte Kalkfarben, Kalkkaseinfarben (siehe unter »Kaseinfarben«, Seite 42)
- Gefahrenhinweise unbedingt beachten!

Kalk ist ein sehr alter Werkstoff und damit auch eines der ältesten Anstrichmittel. Doch Kalk ist zunächst einmal ein Sammelbegriff für alle möglichen kalkhaltigen Natursteine, die in vielen Gegenden vorkommen. Kalk wird jedoch auch oft in fast reiner Form gefunden. Es handelt sich dabei um eine Verbindung von Calcium mit Kohlenstoff und Sauerstoff, das sogenannte Calciumcarbonat ($CaCO_3$), die durch das Kalkbrennen und Kalklöschen in der Sumpfkalkgrube (siehe Seite 52) verwendungsfertig gemacht wird. Es ist nur wenige Jahrzehnte her, da besaßen viele Maler und viele Bauern eine Sumpfkalkgrube.

Kalk ist heute wieder ein vielverwendetes Anstrichmittel für innen und außen, da er hervorragende feuchtigkeitsausgleichende und desinfizierende Eigenschaften hat. Kalkanstriche erfüllen alle baubiologischen Anforderungen, sie sind hygienisch, dampfoffen und umweltfreundlich. Sie überzeugen mit ihren schönen Oberflächen, sind taktil angenehm und preiswert. In der Freskotechnik, das heißt beim Auftrag der Kalkmilch auf

Schlosshof Au, Kanton Zürich. Neuanstrich mit Sumpfkalkfarbe auf bestehendem Kalkputz (Foto: Beat Gut, Wädenswil).

frischen, noch nicht endgültig abgebundenen Kalkputz, erreicht man wetterfeste Anstriche von großer Lebensdauer.

Nicht nur in der Denkmalpflege, auch im Hausgebrauch hat der dünne Sumpfkalkanstrich seine Berechtigung. Im Gegensatz zu den kunststoffgebundenen Farben wie Dispersionen und Silikonharzfarben binden Kalkfarben nicht durch organische Bindemittel ab. Nach dem Anstrich erstarrt der Sumpfkalk (Calciumhydroxid) durch die Aufnahme von Kohlendioxid aus der Luft zu hartem Kalkstein (Calciumcarbonat). Kalk und Kalkfarben sind also nicht filmbildend, sondern diffusionsoffen und sorptionsfähig mit idealen baubiologischen und bauphysikalischen Eigenschaften.

Anstriche mit Sumpfkalk

Beste Ergebnisse erzielt man mit lange gelöschtem Kalk. Für normale Anstriche wird Sumpfkalk ab zwei Jahren Lagerzeit eingesetzt, den einige Naturfarbenhersteller anbieten. Guter Sumpfkalk hat die Konsistenz von etwas zäh geratenem Grießbrei, ohne jede Körnung. Er muss für den Anstrich verdünnt werden. In der Regel kann man so lange Wasser hineinrühren, bis eine streichfähige Konsistenz erreicht ist. Diese soll dünner sein als bei den Dispersions- und Leimfarben. Es wird eher milchig gestrichen, daraus ergibt sich die Notwendigkeit mehrlagiger Anstriche bis zum Erreichen der Deckfähigkeit.

Die freskale Verarbeitung, also auf dem zwar erhärteten, aber chemisch noch nicht abgebundenen Putz, garantiert eine Reaktion zwischen Putz und Anstrich. Putz und Anstrichbindemittel, nämlich die Calciumhydroxide, vereinen sich und carbonatisieren gemeinsam. Es gibt keine Trennung mehr zwischen Putz und Anstrich. Sollte der Putz schon etwas älter sein, ist ein gutes Vornässen sehr hilfreich. Die möglichst dünn angerührte Kalkmilch kann tief in die Putzporen eindringen und dort ein gutes Gerüst errichten.

Kalkfarben

Mit Kalk wurde in den letzten Jahren selten im Innenraum gearbeitet, allerdings könnte ein sich abzeichnender Stilwandel leicht zu einer Wiederbelebung dieser Techniken führen. Die gekalkte Wand ist dem Mörtel am nächsten, ihre Oberfläche hat praktisch nichts von einer Beschichtung. Der Kalkanstrich gehört zu den dampfoffensten Anstrichen, er ist antibakteriell und bei richtigem Aufbau sowohl wischfest als auch überstreichbar. Ein Einfärben der Kalkmilch ist nur zu zarten Pastelltönen möglich, andernfalls müsste zusätzliches Bindemittel eingesetzt werden. Für feuchte Räume ist der Kalkanstrich allen Leimfarben vorzuziehen, da er schimmelresistent ist.

Dispergierte Kalkfarben

Es gibt fertige Sumpfkalkfarben verschiedener Anbieter, die mit Marmormehlen und anderen Zuschlagstoffen so eingestellt sind, dass sie deckender verarbeitet werden können. Durch das maschinelle Dispergieren und einen minimalen Zelluloseanteil wird ein vorzeitiges Abbinden verhindert und damit die spätere Carbonatisierung begünstigt. Diese Farben vertragen auch deutlich mehr Pigmente. Zwei Anstriche sollten trotzdem eingeplant werden. Nur so erreicht man eine gute Wischfestigkeit und damit auch eine Dauerhaftigkeit des Anstrichs. Fertige Kalkfarben werden flüssig in Eimern geliefert. Ihre Verarbeitung entspricht dem gewohnten Anstreichen, auf Details wird in den Verarbeitungshinweisen aufmerksam gemacht. Wichtig ist, dass sie frostfrei gelagert werden. Sogenannte gefüllte Sorten enthalten Marmormehle unterschiedlicher Körnung und eventuell weitere Zuschlagstoffe, dadurch sind sie schichtbildender. Manche Sorten enthalten ein feines Korn, um den Putzcharakter zu unterstützen. Unter günstigen Umständen kann deshalb ein einmaliger Anstrich ausreichen.

Fresko ist eine besondere Form der Kalktechnik, die besonders schöne Oberflächen schafft und die wir von

Terrazzowaschtisch mit
gekalkter Wand
(Foto: Oliver Maybohm,
Hamburg).

Kalkkreislauf, Kalkbrennen und Kalklöschen

Das Kalkbrennen verdient eine etwas genauere Betrachtung. Begießt man beim Löschen den gebrannten Kalk mit Wasser, zerfällt er zunächst in kleine Krümelchen. Bei weiterer Wasserzugabe entsteht ein weicher Brei. Dieser beginnt schnell zu versteinern, je nach Kalkart mit oder auch ohne Luftzutritt, und erreicht dabei ähnliche Qualitäten wie das Ausgangsmaterial. Was passiert hier, wie entstehen Kalkmörtel, Zemente und Anstrichfarben?

Durch das Brennen von Kalk bei etwa 1000 Grad Celsius entweichen aus dem Kalkgestein, dem Calciumcarbonat, das enthaltene Kristallwasser und Kohlendioxid. Das Resultat ist Calciumoxid. Dieser Branntkalk ist das aggressive Ausgangsmaterial für jede weitere technische Verwendung. Beim Zugeben von Wasser, dem sogenannten Löschen, wird das Wasser vom Calciumoxid unter starker Wärmeentwicklung verschluckt. Es entsteht zunächst Calciumhydroxid (teilgelöscht), bekannt als Weißkalkhydrat, ein Ausgangsprodukt für Mörtelmischungen. Bei weiterer Wasserzugabe entsteht der Sumpfkalk. Beim Zutritt von Kohlendioxid schließt sich der Kreislauf wieder und es entsteht Kalkstein. In diesen Kreislauf kann man immer wieder eingreifen und erhält dadurch unterschiedliche Produkte. Lagert man beispielsweise den gelöschten Kalk unter Wasser und damit unter Luftabschluss, so kann man ihn als Sumpfkalk lange aufbewahren.

Traditionell wurden zum Kalkbrennen kleine Meiler in Gruben gebaut. Die Qualität eines gebrannten Kalks lässt sich am Gehalt von Sulfatverbindungen bestimmen. Ein Anteil von unter 0,02 Prozent kennzeichnet guten Branntkalk.

Erhärtung durch Luftzutritt CO_2

Kalksteinabbau Calciumcarbonat $CaCO_2$

Kalksteinbrennen bei ca. 1000° C

Kohlendioxid CO_2 und Wasser H_2O entweichen

Kalkmörtel und Kalkfarben

Branntkalk Calciumoxid CaO

Kalkmilch in Sumpfkalkgrube Calciumhydroxid $Ca(OH)_2$

Löschen durch Wasserzugabe Calciumoxid CaO

Kalkanstrich im Rittersaal eines dänischen Wasserschlosses (Foto: Martin Krampfer, Hamburg).

kunstvollen Wandgemälden her kennen. Alle Arbeitsschritte erfolgen frisch ineinander, das heißt nass in nass, ohne dass eine Schicht zwischenzeitlich abbindet. Die Arbeitspausen zwischen Spritzbewurf, Ausgleichsschicht oder Unter- und Oberputz und der Malschicht sind kurz, etwa eine halbe bis eine Stunde. Deshalb werden Freskoarbeiten fast immer im Team ausgeführt. So schuf Michelangelo mit kalkechten Pigmenten in Freskotechnik, also mit Kalkmilch auf frischem Kalkputz, Werke für die Ewigkeit – sicher in Gemeinschaftsarbeit.

Kalkanstriche werden immer sehr dünn ausgeführt. Die beste Auftragsart ist das Streichen mit der Deckenbürste, bevorzugt mit einem kurzhaarigen Quast. Der dünnflüssige Anstrich füllt am besten die Putzporen und bietet so eine gute Angriffsfläche für Kohlendioxid aus der Luft. Der zweimalige dünne Kalkanstrich deckt recht gut und wird eher wischfest als der einmalige dicke Anstrich. Die Wände dürfen nicht zu saugfähig sein, der Anstrich soll langsam trocknen. Die Feuchtigkeit wird zum Abbinden gebraucht.

Warum finden wir dennoch jahrhundertealte gekalkte Bauwerke, die den Charme des Alters ausstrahlen und wenig von ihrer einstigen Pracht eingebüßt haben? Die Antwort findet sich in besonderen Kalkvorkommen mit natürlichen mineralischen Beimengungen. Die Ablagerungen der Erdgeschichte sind fast immer bunte Mischungen. Bestimmte Bestandteile wie Eisenoxide, vulkanische Auswürfe oder Silikatverbindungen dienen dem Kalk als sogenannte *Hydraulefaktoren*. Genannt seien hier nur die Puzzolanerde oder der Trass. Sind sie in der richtigen Menge vorhanden, kann der zuvor gebrannte Kalk später auch ohne Luftzutritt erhärten. Außerdem erreicht er eine wesentlich höhere Wasserfestigkeit. Dieser Umstand war den alten Baumeistern bekannt, und sie nutzten die Möglichkeiten. Diese Kalksorten nennt man übrigens Wasserkalke, gelegentlich auch Naturzement.

Auch heute noch werden solche Naturzemente genutzt. Meist wird allerdings eine Mischung von Luftkalken mit Hydraulefaktoren vorgenommen, eine einfache Variante ist die Zugabe von Ziegelmehl. Manche historische Bautechnik hat sich wegen ihrer Qualität bis in die Gegenwart erhalten, zum Beispiel die Glanzputze in ihrer italienischen oder arabischen Variante, Stuccolustro oder Tadelakt. Während der Stuccolustro aus hydraulischen Naturkalken mit Zuschlägen von feinem Marmormehl hergestellt wird (auch spezielle Rezepturen mit Gips und Leimanteilen sind bekannt), verfügen die Marokkaner über Fundorte von Mergelkalk.

Tipps aus der Praxis
- Sumpfkalk muss unter Wasser gelagert werden (kein Luftzutritt)
- Baukalk muss luftdicht verpackt sein
- Kalkanstriche werden mehrlagig dünn ausgeführt (viel Oberfläche, guter Luftzutritt)
- Freskoverarbeitung (frischer Anstrich auf frischem Putz) ergibt besonders schöne und dauerhafte Oberflächen
- Kalkanstriche dürfen nicht zu schnell trocknen (nicht heizen, keine Sonne)
- Die Sicherheitshinweise sind ernst zu nehmen – große Alkalität, daher Kontakt mit der Haut, besonders mit Schleimhäuten, vor allem Augen vermeiden!

Untergründe und Vorbereitung

Geeignete Untergründe für einen Sumpfkalkanstrich sind unbehandelte Kalk-, Kalkzement- und Trasskalkputze im Innen- und Außenbereich. Reine Zementputze sollten außen nicht mit Sumpfkalk gestrichen werden. Gipsputz, Tapeten usw. sind ungeeignet. Der Untergrund muss sauber und fest sein. Gegebenenfalls den Putz mit einem Handbrett abreiben, um lose Sandkörner zu entfernen.

Verarbeitung

Um die Qualität des Anstrichs zu verbessern, wird mit sehr dünner Kalkmilch grundiert. Bei reinen Sumpfkalkanstrichen wird der Kalkbrei mit der zwei- bis dreifachen Wassermenge verdünnt. Für den zweiten Anstrich wird sogar noch mehr Wasser zugeführt. Im Innenbereich kann der zweite Zwischenanstrich entfallen, im Außenbereich den zweiten Anstrich wie den Grundanstrich

Kalken wie im Schweinestall!
Der Arzt und Baubiologiepionier Dr. Hubert Palm war bekannt für seine drastische und unverblümte Art. Asthma und Allergien seien rasant auf dem Vormarsch und vor allem in Städten immer mehr Kinder davon betroffen. Was kann getan werden? Palms Antwort: Streicht eure Wohnräume, vor allem die Schlafzimmer wieder wie die Schweineställe mit Kalk oder Kalkfarben statt mit Kunststoffdispersionen, und die genannten Krankheiten werden sich nicht mehr wohlfühlen und ausziehen.

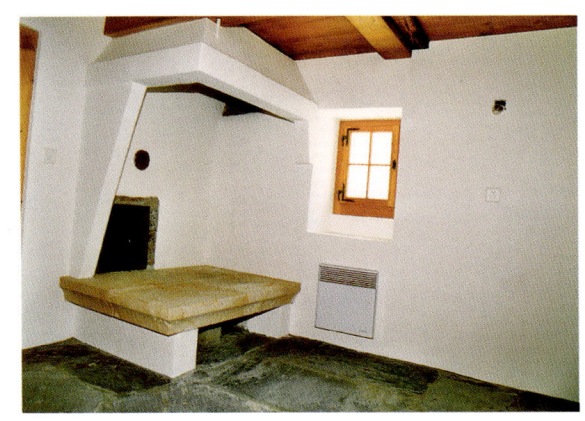

Renovation eines Kaminraums mit Kalk (Foto: Haga).

> **Warum nicht einmal Kuhdung?**
> Gegen durchschlagende Flecken bei Kalkanstrichen hat sich der folgende Sperrgrund bewährt: Ein Volumenanteil Sumpfkalk wird gründlich mit einem Volumenanteil Kuhdung vermischt. Die Masse wird mit Wasser zur Streichfähigkeit verdünnt und auf die Flächen aufgetragen. Vor dem Anstrich muss dieser Sperrgrund gründlich trocknen.

ausführen. Für den Schlussanstrich wird der Sumpfkalk mit der ein- bis zweifachen Menge Wasser verdünnt. Farbspritzer sofort entfernen.

Hersteller von Kalkfarben: Kreidezeit, Aglaia, Auro, Livos, Thymos, Haga

Silikatfarben, Dispersionssilikatfarben, Kieselsolanstriche

- Ausgangsprodukte regional verfügbar
- durch lange Haltbarkeit sehr wirtschaftlich
- diffusionsfähig, gut wasserdampfdurchlässig
- feuchtigkeitsresistent
- erfordern handwerkliche Kenntnisse oder gute Anleitung
- geeignet für Wandanstriche innen und außen, gut für Nassräume

Farben auf Wasserglasbasis gehören zu den beständigsten Fassadenanstrichen. Intakte Anstriche von mehr als 20 Jahren sind keine Seltenheit. Silikatfarbenanstriche unterscheiden sich von Leim- und Kaseinfarben durch eine andere Art des Abbindens. Wasserglas trocknet zwar auch, aber der entscheidende Punkt ist die Verkieselung unter Kohlendioxid-Aufnahme aus der Umgebungsluft. Diese Reaktion führt zu einer innigen Verbindung der Farbe mit dem Untergrund – ein Vorgang, den man auch als Versteinerung oder Verglasung bezeichnen könnte. Diese Form des Auskristallisierens stellt besondere Anforderungen an den Untergrund.

Umbau Traumfabrik, Solothurn. Silikataußenanstrich.

In Wasser gelöstes Glas

Wasserglas (Silikat) ist, vereinfacht dargestellt, nichts anderes als wasserlösliches Glas. Zur Herstellung von Kaliwasserglas werden Quarzsand und Pottasche bei 1400 Grad Celsius zusammengeschmolzen, wobei Kohlendioxid (CO_2) freigesetzt wird. Die kohlensäurefreie Schmelze erstarrt beim Abkühlen zu einer Art Glasblock, der später wieder zermahlen wird. Die anschließende Behandlung mit Wasserdampf führt unter großer Hitze und hohem Druck wieder zu einer Verflüssigung. Dieses flüssige Wasserglas ist nun bestrebt, das verlorene CO_2 wieder aufzunehmen, und muss daher unter Luftabschluss aufbewahrt werden. Wird Wasserglas verstrichen, nimmt es aus der Umgebungsluft wieder CO_2 auf und verkieselt. Es entsteht also aus dem verflüssigten Quarzsand eine kieselsteinharte Verbindung, womit der Kreislauf geschlossen ist.

Wasserglas.

Aus diesem Abbinde-, Erhärtungs- oder Verkieselungszusammenhang ergibt sich die Eignung für Anstriche auf Putzmörteln (Lehm-, Kalk- und Kalkzementputze), Natur- und Kunststeinen und Beton, sofern keine Sinterhaut vorliegt und der Untergrund nicht zu dicht ist. Folgeanstriche sind möglich, nachdem lediglich lose Anteile abgebürstet wurden. Silikatfarben gehören zu den dampfoffensten Anstrichsystemen und trotzen mit ihrer Chemikalienbeständigkeit auch saurem Regen. Hierin übertreffen sie Kalkanstriche! Sie sind unbrennbar und geben im Brandfall keinerlei Gase ab.

Reinsilikatfarben

Reinsilikatfarben bestehen aus zwei Komponenten. Bei der Herstellung von Anstrichmitteln wird verdünntes Kaliwasserglas eingesetzt. Aus dem richtigen Mischungsverhältnis mit der zweiten Komponente, dem Feststoffanteil, und einer guten Silikatgrundierung ergibt sich der haltbare Anstrich. Ist der Wasserglasanteil zu gering, wird keine Wischfestigkeit erreicht. Zu viel Bindemittel führt zu übertriebener Härte, kann Ausblühungen erzeugen und neigt später zum Abplatzen. Halten Sie sich an die Mischangaben der Hersteller. Oder machen Sie Vorversuche. So können Sie auch gleich noch herausfinden, was für den speziellen Untergrund mit seiner ihm eigenen Saugfähigkeit am besten ist!

Hersteller von reinen Silikatfarben: Keim, Aglaia, Leinos, Kreidezeit, Biofa, Thymos

Dispersionssilikatfarben

Reine Silikatfarben dürfen nicht mit den handelsüblichen Dispersionssilikatfarben verwechselt werden. Diese enthalten einen Acrylatanteil zur Bindung, der die Diffusionsfähigkeit einschränkt. So ist in einer Veröffentlichung des Instituts für Denkmalpflege (ETH Zürich, Band 19) zu lesen: »Die Norm schreibt vor, dass die Farbe nicht mehr als 5 Prozent organische Anteile enthalten darf. Dieser Zusatz bedeutet aber im getrockneten Film, zum Beispiel an einer Fassade, zwischen 14 und 25 Prozent Kunstharzfestkörper.« Gerade mehrere Anstriche führen schnell zu einer unerwünschten Abdichtung.

Diese Farben werden verarbeitungsfertig in Eimern oder Dosen verkauft, sind also einkomponentig und filmbildend. Hier bestätigen Ausnahmen die Regel. Fragen Sie also sehr genau nach den Inhaltsstoffen. Aus Gründen der Bauphysik, Haltbarkeit und Wirtschaftlichkeit sind filmbildende, verklebende Anstrichsysteme auf mineralischen Untergründen zu meiden.

Einige Naturfarbenhersteller wie Sehestedter bieten allerdings eine Dispersionssilikatfarbe an, die neben den silikatischen Bindemitteln eine Naturharzdispersion enthält. Im Gegensatz zu den herkömmlichen Bauanstrichen, bei denen es sich fast ausschließlich um Kunstharz-Dispersionen handelt, bilden solche Silikatanstriche keinen Film auf der Oberfläche des Baustoffs. Eine Aushärtung des Anstrichs erfolgt durch chemische Umsetzung mit der Kohlensäure der Luft unter Bildung eines Verkieselungsgerüstes.

Tipps aus der Praxis

Bei Weißanstrichen wird in der Regel Titandioxid zugesetzt, um den Weißgrad auch im nassen Zustand zu erhalten. Der Untergrund muss sauber und tragfähig sein. Neue Putze dürfen nicht sofort gestrichen werden, es soll pro Millimeter Stärke ein Tag Wartezeit eingehalten werden. Etwaige Sinterhäute müssen mechanisch entfernt werden.

Aus der Verkieselung ergibt sich, dass viele anwendungsbezogene Hinweise denen der Kalkanstriche gleichen. Die dort gegebenen Tipps gelten auch für Silikatfarbenanstriche. Sie dürfen nicht zu schnell trocknen, es muss unbedingt nass in nass gearbeitet werden, Frostfreiheit ist zu garantieren. Der Anstrich wird mit einer Grundierung begonnen, ihre Art hängt vor allem von der Saugfähigkeit des Untergrunds ab. Benutzt wird kräftig verdünntes Kaliwasserglas, das in den Putz einziehen soll. Schlägt es blitzschnell völlig weg, muss zweimal grundiert werden. Der eigentliche Anstrich wird in der Regel zweischichtig, jeweils dünn, erfolgen. Folgeanstriche werden meist am nächsten Tag ausgeführt. Vom Anstrichmittel wird immer nur die Tagesmenge angerührt, da Wasserglasfarben auch im Gebinde eindicken und beginnen zu verkieseln. Restmengen können unter gutem Luftabschluss für den Folgetag gerettet werden. Das Farbenwasserglas als Einzelkomponente kann unter Luftabschluss auch über zwei Jahre gelagert werden.

Wasserglas hat eine besonders hohe Alkalität, was eine Reihe von Vorsichtsmaßnahmen nötig macht. Die Umgebung ist vor Farbspritzern zu schützen. Besonders Glas, Emaille und die meisten Lackoberflächen sowie Metallteile werden von Wasserglas angeätzt. Die dabei entstehenden Flecken sind irreversibel, wenn sie nicht sofort mit viel Wasser abgewaschen werden. Gerbstoffhaltige Hölzer reagieren mit Schwarzfärbung. Die Haut und vor allem die Augen sind zu schützen. Bei aller Gefahr durch die Alkalität ist Wasserglas völlig ungiftig!

Eine Pigmentierung kann mit alkalibeständigen Erd- und Mineralpigmenten erfolgen. Die meisten Hersteller bieten spezielle Abtönsysteme an. 5 Prozent Zusatzpigment sind meist kein Problem, größere Zusätze schwächen den Anstrich.

Das benutzte Werkzeug muss sofort nach Gebrauch mit warmem Seifenwasser gereinigt werden. Nach begonnener Verkieselung besteht dazu keine Chance mehr. Wasserglas kann als Putzverfestiger eingesetzt werden, indem er den lockeren Mörtel durchdringt.

Außenanstrich mit Silikatfarben.

Untergründe und Vorbereitung

Die Untergründe für einen Silikatfarbenanstrich müssen verkieselungsfähig, das heißt sand- oder quarzhaltig, kunststofffrei und unbehandelt sein. Ungeeignete Untergründe sind Gipsputze, Gipskarton, Dispersions-, Dispersionssilikatanstriche und Lackfarben, Öl-, Kalk-, Leimfarben, Holz- und Metalloberflächen sowie Tapeten. Für die Grundierung stark saugender Untergründe kann ein Teil Wasserglas mit ein bis zwei Teilen Wasser verdünnt eingesetzt werden. Ob ein- oder mehrmals grundiert werden muss, hängt von der Saugfähigkeit des Untergrunds ab. Der perfekteste Auftrag wird mit der Fassadenbürste erreicht.

Anstrichmittel auf Kieselsolbasis

Eine völlig neue Generation von Silikatanstrichen sind die Kieselsolfarben. Es handelt sich um eine Weiterentwicklung der Wasserglasfarben. Ihr Bindemittel ist eine ganz besonders feinteilige Zubereitung von Siliziumdioxid in Wasser. Ein Gramm dieses Bindemittels hat eine Oberfläche von mehreren hundert Quadratmetern. Daraus ergeben sich enorm hohe Adhäsionskräfte, die eine gute Haftung auch auf Untergründen garantiert, die sonst kaum anzustreichen wären (alte Ölfarben oder Kunstharzanstriche).

Kieselsol ist wasserlöslich, die Farben benötigen kein anderes Lösungsmittel. Sie sind geruchsfrei und bleiben ein rein mineralisches Anstrichsystem. Mineralische Zusätze ergeben eine hohe Deckkraft. Kieselsolfarben sind extrem widerstandsfähig. Bei bester Diffusionsfähigkeit sind sie absolut spritzwasserfest. Angeboten werden mehrere Produkte auf dieser Basis unter dem Namen Gekkko von der Firma Kreidezeit. Haftgrund, Anstrich, Verdünnung und Lasur auf einer Basis.

Algenbewuchs und die Wärmedämmung

Wenn Algen auf Fassadenflächen Fuß fassen und sich ausbreiten, folgen sie den Gesetzen der Natur. Sie können auf kargen, nährstoffarmen Oberflächen wachsen, trotzen extremen Umweltbedingungen und besiedeln unter bestimmten Voraussetzungen die Fassaden von Gebäuden. Zusammen mit Flechten und sogar Moosen kann ein erheblicher Bewuchs entstehen.

In den vergangenen Jahren wurde der Bauschadensektor um den Begriff der *biogenen Bauschäden* erweitert. An immer mehr Fassaden wurden Schädigungen durch *mikrobiellen Angriff* oder durch *Biokorrosion* festgestellt. So stehen Mikroorganismen im Verdacht, das Altern von PVC-Dichtungsbahnen auf Flachdächern zu beschleunigen. Im Hochbau werden Natursteim- und Sichtbetonfassaden durch Salpetersäure produzierende Bakterien, sogenannte Nitrifikanten, angegriffen. Im Tiefbau haben Schwefelsäure produzierende Bakterien (Thiobazillen) gravierende Schäden an Abwasserkanälen verursacht. Der mikrobielle Abbau von Hölzern durch Pilze und Flechten ist ein bekanntes Phänomen, und der Hausschwamm ist ein gefürchteter Schaden. Der wesentliche Unterschied in den Nahrungsansprüchen von Pilzen und Algen liegt darin, dass Pilze Kohlenstoff in Form organischer Verbindungen (Zucker, Stärke, Zellulose) benötigen, Algen dagegen diesen Hauptbestandteil ihres Baus direkt aus der Luft beziehen.

Da die mikroskopisch kleinen Algen durch die Luft verbreitet werden, ist mit ihnen überall zu rechnen. Damit sie wachsen können, müssen jedoch bestimmte Bedingungen erfüllt sein: Sie brauchen genügend Feuchtigkeit und geeignete Oberflächen. Was sind nun aber die Ursachen für den geradezu dramatischen Anstieg von Algenbewuchs auf Hausfassaden, der nicht nur das harmonische Bild stört, sondern auch zu massiven Bauschäden führen kann? Algenbewuchs deutet immer auf baubiologische oder doch zumindest bauphysikalische Mängel hin.

Wir möchten zu diesem Thema aus einem Prospekt der Thor GmbH, D-67346 Speyer, einer der größten Hersteller von Bioziden und Algiziden, frei zitieren. Dort ist Erstaunliches zu lesen: Durch bessere Isolierung soll der Energiebedarf reduziert werden, der sich durch Wärmeabstrahlung erhöht. Der Gesetzgeber stellt steigende Anforderungen an die Wärmedämmung. Standardbauweise im *Minergiebereich* bilden Wandaufbauten mit Polystyrol-Hartschaumplatten von 180 Millimeter Dicke. Durch

Flechten …

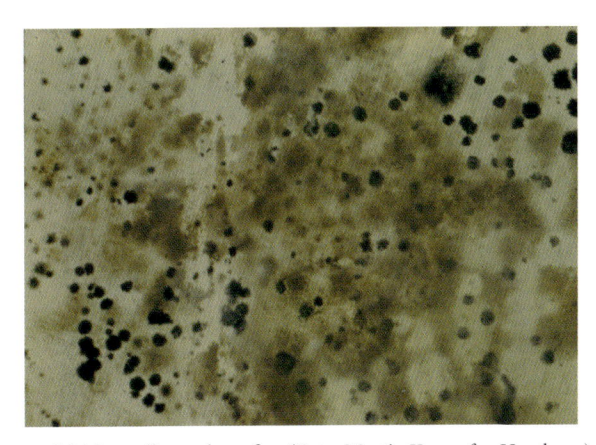

und Schimmelbewuchs außen (Foto: Martin Krampfer, Hamburg).

die zunehmende Wärmedämmung der Außenmauer wird der Wärmetransport verändert. Grundsätzlich führt die hohe inhomogene Dämmung zu feuchteren Außenfassaden mit Tauwasserbildung – gute Lebens- und Verbreitungsbedingungen für Algen sind die Folge.

So weit also der Hersteller von bioziden Produkten und Konservierungsmitteln. Um Veralgungen zu verhindern, werden Verputze, Tiefgrund und Farben für den Außenbereich mit Algiziden und Pestiziden ausgerüstet. Es geht schließlich um die Gewährleistungspflicht der Hersteller und Handwerker, die auch nach Jahren noch für algenfreie Oberflächen geradestehen müssen. Doch genau da beginnt der Teufelskreis, den uns die Dämmstandards neusten Zuschnitts bescheren. Bei allen oberflächlich aufgebrachten Algiziden und Pestiziden ist die Langzeitwirkung fraglich, und es kommt zum Einsickern der herausgewaschenen Wirkstoffe in den Untergrund und schließlich ins Grundwasser. Algizide müssen, um wirksam zu sein, eine gewisse Wasserlöslichkeit aufweisen, so dass sich die Ausrüstung mit der Zeit erschöpft und dafür die Umwelt vergiftet. Schon mussten erste Algizide und Biozide verboten werden. Hersteller bemühen sich immerhin um Produkte, deren Schaden sich für die Natur in Grenzen hält. Doch das Problem ist erst zu lösen, wenn sich die Verantwortlichen ernsthaft Gedanken um die unsinnigen, aber steuerlich begünstigten Hochdämmstandards und deren Folgen machen. Übrigens: sowohl Wasserglas als auch Kalk üben eine natürliche biozide Wirkung aus. Zusammen mit den richtigen Wandaufbauten ist eine Veralgung nicht zu befürchten.

Ölfarben, Lasuren und Lacke

— Ausgangsprodukte regional verfügbar
— durch lange Haltbarkeit sehr wirtschaftlich, kann gut überstrichen oder teilerneuert werden
— feuchtigkeitsresistent
— dampfoffen, diffusionsfähig, offenporig
— frei von Kunstharzen
— außen geeignet für Türen, Fenster, Fachwerkbalken, Zäune, innen für farbige Gestaltungen auf Holz oder Metall

Für Holzbehandlungen im Außenbereich sind schnelltrocknende, leicht zu verarbeitende Acryl- und Alkydharzanstriche Standard. Naturfarben auf Ölbasis führen eher ein Schattendasein – zu Unrecht. Oftmals führen die Kunstharzanstriche zu vorzeitiger und nachhaltiger Schädigung des Holzes, was sich vor allem im Fensterbereich gezeigt hat. Die Kunstharze machen die Farben nahezu diffusionsdicht, obwohl immer wieder das Gegenteil versprochen wird (siehe »Holzfenster ersticken«, Seite 62).

Gerade wegen der nicht zu übersehenden Schäden feiern Ölfarben heute ein Comeback. Dafür gibt es wichtige Gründe. Sind Ölfarben der Witterung ausgesetzt, vor allem dem zunehmend intensiveren UV-Licht, so führt das zum langsamen Abbau des Öls an der Oberfläche, ein natürlicher Vorgang von Werden und Vergehen. Ölfarben lassen sich mit Sodalaugenwasser reinigen, wobei nur der geschädigte Anteil abgelaugt wird. Nach dem Trocknen wird das Sodalaugenwasser abgewaschen und dann das Holz neu gestrichen, ein Vorgehen, das sich beliebig oft wiederholen lässt. Dies steht im krassen Gegensatz zu den Kunstharzfarben. Die dicken Anstrichfilme verspröden, und die Weichmacher, die den Farben zugesetzt wurden, werden mit der Zeit inaktiv. Dann platzen die Farben ab oder es gibt Risse, Wasser kann ins Holz eintreten und zerstört es unter den Anstrichen (siehe Abbildung Seite 20).

Kunstharzfarbanstriche zu renovieren bedeutet immer Abschleifen und drei Anstriche. Und das ist natürlich teurer als ein einziger Anstrich mit deckender Ölfarbe. Das Sprödewerden der Kunstharze ist nur eines ihrer Probleme. Häufig sieht man in älteren Häusern unter wegplatzenden Kunstharzen absolut intakte Schichten mit Ölfarben. Diese sind ein gutes Beispiel für renovierungsfähige Farben. Acrylfarben, als wasserverdünnbar und umweltfreundlich angepriesen, erfüllen diese Anforderungen in keiner Weise. Sie sind nicht renovierbar und daher auch in einigen Städten als nicht wünschenswert an öffentlichen Gebäuden deklariert. Zudem sind mit Kunstharzen gestrichene Hölzer als Sondermüll zu entsorgen.

Ölfarben und Lacke dienen vor allem im Außenbereich nicht nur der Verschönerung, sondern auch dem Schutz und dem Erhalt der Bausubstanz. Fachwerkbalken, Zäune, Türen und Fenster, aber auch Metallteile, die der Witterung ausgesetzt sind, wurden schon früh mit Ölen behandelt, um sie vor Feuchtigkeit, Verwitterung und Korrosion zu schützen. Öllasuren und deckende Ölfarben unterscheiden sich hauptsächlich durch ihren Pigmentanteil. Im Innenbereich kann Holz (außer Fenster) völlig unbehandelt bleiben, da es auf diese Weise das Raumklima fördert. Selbstverständlich kann ein lasierender oder deckend lackierender Anstrich im Außen- und im Innenbereich viele Gestaltungswünsche erfüllen, zu-

Ölfarbenanstrich als Dekoration und Wetterschutz.

mal die Naturfarben offenporig, diffusionsfähig und frei von Kunststoffen sind.

Für Bauteile im Außenbereich, ob lasierend oder deckend, sind eine Grundierung und ein zwei- bis dreifacher Anstrich vorzusehen. Für Details sollten die Empfehlungen der Hersteller sowie die »Tipps aus der Praxis« beachtet werden.

Der ideale Aufbau von Ölfarbenanstrichen

Nach den Vorbereitungen (gute Reinigung, gegebenenfalls Schliff) beginnt der eigentliche Anstrich mit einer Grundierung. Das Holz muss trocken sein, leider verbieten sich deshalb Außenanstriche im Winter. Auch wenn man im Winter sehr trockene Phasen hat, ist es zu kalt, um gute Ölfarbenanstriche herstellen zu können. Kaltes Öl ist zäh und verläuft nicht und kann somit nicht in das Holz eindringen. Idealerweise streicht man Öl, wenn es warm und trocken ist und das Holz sauber und nicht direkt der Sonne ausgesetzt ist. Letzteres würde die Trockeneigenschaften negativ beeinflussen.

Grundierungen, ob innen oder außen, haben die Aufgabe, möglichst tief in das Holz einzudringen und die Poren zu füllen. Andernfalls befänden sich unter dem Anstrich winzige Hohlräume, die der Anstrich überbrücken müsste. Erstrebenswert ist eine vollständige Verbindung des Holzes mit der Farbe. Das Grundiermittel

---

Holzfenster ersticken
Für Anstriche von Holzfenstern ist es besonders wichtig, eine dampfoffene und diffusionsfähige Farbe zu wählen, da gerade in diesem Bereich mit einem intensiven Dampfdurchgang zu rechnen ist. Auch durch Ritzen oder kleinste Beschädigungen kann Feuchtigkeit in das Fensterholz eindringen. Kann diese nicht wieder verdunsten, kommt es zu Holzfäule. Mit der Einführung der Kunstharzfarben erhielten Holzfenster den schlechten Ruf mangelnder Haltbarkeit. Völlig zu Unrecht – schuld waren die Kunstharzfarben, die mit ihren dichten Versiegelungen zur Bildung von Stauwasserzonen und Wassernestern führten und damit der Fäulnis Vorschub leisteten.

Dampfdurchgang – ein wichtiger Wert
Der Begriff des Dampfdurchgangs spielt aus bauphysikalischer Sicht beim konstruktiven Holzschutz eine wichtige Rolle. Wenn es darum geht, eine Farbe einzusetzen, die Feuchtigkeit in gasförmigem Zustand hindurchlässt, ist man mit Ölfarben grundsätzlich gut bedient. Die günstigen Eigenschaften verdanken diese ihrem natürlichen Aufbau, ihrer molekularen Struktur. Leinölmoleküle sind auch nach dem Trocknen fast 50-mal kleiner als Kunststoffpolymere. Die Syntheseprodukte führen daher mit der Zeit zu einer dampfdichten Versiegelung, Ölfarbenanstriche bleiben dagegen offen für einen Austausch mit der Umgebung.

Gefahr der Selbstentzündung!
Natürliche Öle können sich unter bestimmten Bedingungen selbst entzünden. Wird auf einer Baustelle ein ölhaltiger Lappen unachtsam zusammengeknüllt in eine Ecke geworfen, stellt er eine große Brandgefahr dar. Die Oxidation, die ein wesentlicher Bestandteil der Öltrocknung ist, setzt viel Wärme frei. Diese beschleunigt wiederum die Trocknung, also Sauerstoffaufnahme und Oxidation usw. Das kann unter unglücklichen Bedingungen dazu führen, dass sich solch ölgetränkte Lappen entflammen. Vorbeugend werden diese am besten unter Luftabschluss in einer Blechbüchse aufbewahrt, wo sie keine Gefahr mehr darstellen.

richtet sich nach dem bevorstehenden Anstrich. Für alle ölhaltigen Anstriche wird mit *Halböl* grundiert. Das ist ein etwa zur Hälfte mit Balsamterpentinöl verdünnter Leinölfirnis. Wer auf Lösungsmittel völlig verzichten muss oder will, kann sich mit heißem Leinölfirnis helfen. Allerdings sollte auch der Untergrund möglichst warm sein, da sonst schon beim Auftrag der Effekt aufgehoben wird. Nach dem Durchtrocknen kann ein Zwischenschliff mit anschließender Entstaubung nötig sein. Als vorbeugender Schutz vor Schädlings- und Pilzbefall kann das Holz vor dem Grundanstrich mit Borsalz behandelt werden.

Nach der Grundierung muss die Lasur im Außenbereich mindestens zweimal aufgetragen werden, wobei beide Anstriche pigmentiert sein müssen. Farblose oder leicht pigmentierte Lasuren können nur für den Innenbereich empfohlen werden. Unter den Pigmenten gibt es sogenannte Lasurpigmente wie Terra di Siena, Ultramarin und alle Pflanzenfarben (siehe Pflanzenlasuren, Seite 112), die nur schwach deckend, also farbig-transparent sind.

Wetterschutz- oder Decklacke (Aglaia, Auro usw.) enthalten wie die Standöle häufig auch noch Kolophonium. Zur Herstellung von Lasurfarben eignen sich zunächst einmal alle gängigen Pigmente. Allein die Auswahl der Pigmente und die eingesetzte Menge bestimmen den Grad der Deckkraft beziehungsweise die Transparenz.

Da der Schlussanstrich entscheidend für die Wetterfestigkeit ist, soll er möglichst elastisch sein und aus wenig wasserquellbaren Ölen bestehen. Leinölstandöl entspricht dieser Forderung besonders gut. Überall dort, wo keine große Härte (Blockfestigkeit) des Anstrichs gefordert wird, empfehlen sich harzfreie Standöldeckfarben. Für Bereiche, die mechanisch beansprucht werden, ist zu

Holzhaus mit farblosem Wetterschutzöl.

überlegen, ob nicht besser harzhaltige und damit härtere Öllacke eingesetzt werden sollten. Zu beachten ist, dass mehrere dünne Schichten eine wesentlich bessere Haltbarkeit garantieren als wenige dicke Schichten. Bei gleicher Schichtstärke im Anstrichergebnis werden die mehrschichtigen Anstriche in ihrer Haltbarkeit immer deutlich überlegen sein.

Pflege und Pflegeanstriche

Kein Anstrich bleibt über die Jahre wie neu, ein Umstand, der Pflegeanstriche notwendig macht. Diese können dann allerdings die Lebensdauer von Naturölfarben ganz wesentlich erhöhen. Die Verwitterung beginnt vorwiegend von außen, der Anstrich wird matt, im Extremfall beginnt er sogar zu kreiden, also abzufärben. Die fette, wasserabweisende Oberfläche verschwindet langsam, und durch den Pigmentverlust verringert sich der UV-Schutz. Von nun an beschleunigt sich die Verwitterung immer mehr, eventuell geht der gesamte Zwischenanstrich verloren, und sogar die Grundierung wird angegriffen. Zuletzt beginnt das Holz selbst zu vergrauen, Verschmutzung und Bewuchs greifen Raum.

Hat man diesem Prozess nicht rechtzeitig Einhalt geboten, liegt es auf der Hand, dass man den gesamten Anstrichaufbau erneuern muss. Beobachtet man jedoch sein Gebäude beziehungsweise die Anstriche, so kann man beim ersten Mattwerden der Oberfläche einschreiten. Zu diesem Zeitpunkt genügt oft schon ein Abreiben mit fettem Standöl, eine Maßnahme, die wenigstens bei Fenstern und Türen jährlich erfolgen sollte. So etwas ist während des Frühjahrsputzes ohne großen Aufwand zu bewerkstelligen. Sie werden schnell feststellen, dass immer wieder dieselben Bereiche eines Gebäudes betroffen sind. Andere Bauteile kommen jahrelang ohne Pflege aus. Der große Vorteil von Ölanstrichen ist, dass sie selektiv ausgebessert werden können, ohne den Altanstrich komplett abschleifen zu müssen!

Untergründe und Vorbereitung

Der Untergrund muss sauber, fest und tragfähig sein. Fett-, Harz- und Lackreste sorgfältig mit Balsamverdünner abwaschen. Abgewitterte, kreidende Öllacke oder Öllasuren auf Tragfähigkeit prüfen und anschleifen. Vergrautes oder mürbes Holz porentief abschleifen.

> **Tipp aus der Praxis**
> Anstriche an den Fensterinnenseiten müssen diffusionsdichter sein als außen. Das nötige Diffusionsgefälle erreicht man auf einfache Art dadurch, dass innen ein Anstrich mehr mit Holzlasur oder Holzlacken durchgeführt wird. Bei Fenstern und Türen im Außenbereich sind helle Farbtöne besser geeignet als dunkle, da sich diese durch die Sonneneinstrahlung stärker aufheizen, was anfälliger für Schäden macht.

Leinöl, Leinölfirnis

Die Forderung nach wasserabweisenden Eigenschaften bei gleichzeitiger Dampfoffenheit prädestiniert die natürlichen Öle zum Holzanstrichmittel. Man differenziert natürliche pflanzliche Öle in trocknende, halbtrocknende und nichttrocknende Öle. Für unseren Zweck kommen nur die trocknenden Öle in Frage, allen voran das Leinöl, das wir darum genauer betrachten wollen. Weitere Informationen zur Herkunft des Leinöls sind im Rohstoffverzeichnis, Seite 121, nachzulesen.

Leinöl trocknet, indem es Sauerstoff aus der Luft aufnimmt, wodurch es einen begrenzt elastischen Film bildet. Der hohe Gehalt an ungesättigten Fettsäuren bedingt diesen Oxidationsvorgang und führt zum festen *Linoxyn*. Je dünner ein Leinölanstrich ist, umso besser und schneller geht dieser Vorgang vonstatten. Daraus ergibt sich für den Maler die Forderung nach möglichst dünner Applikation, drei dünne Anstriche trocknen immer noch schneller als einer von insgesamt der glei-

Öle, Harze, Wachse, die für ökologische Farben eingesetzt werden.

Lasierender Farbanstrich auf Holz.

chen Dicke. Linoxyn wurde auch in der Linoleumfabrikation verwendet. Zu diesem Zweck wurde Leinöl früher in hohen Türmen bei starker Luftzufuhr verrieselt, wodurch sich große feste Kuchen ergaben, die dann weiterverarbeitet wurden.

Die Trockeneigenschaft des Leinöls wird durch Katalysatoren, die sogenannten Sikkative, verbessert. Während reines Speiseleinöl Wochen zum Trocknen brauchen würde, ist ein Leinölfirnisanstrich nach etwa 24 Stunden getrocknet.

Ölfarben.

Ölfarben können sehr viele Pigmente aufnehmen und diese abriebfest und dauerhaft in den Anstrichfilm einbinden. Leinölfirnis allein ist nicht wetterfest. Leinöl ist nämlich quellbar und nimmt bis zu 20 Prozent seines Volumens an Luftfeuchtigkeit auf. Beim Trocknen gibt es diese wieder ab und schrumpft. Wesentlich beständiger sind die präparierten Standölfarben.

Standölfarben

Leinölstandöl ist eigentlich nichts anderes als Leinöl, das lange gestanden hat. In unserer schnelllebigen Zeit lässt man natürlich nichts stehen, sondern man kocht Leinöl unter Luftabschluss. So polymerisiert das Leinöl zu Standöl und verliert dabei seine Fähigkeit zu quellen. Dieses Öl ist dickflüssiger als Leinöl oder Leinölfirnis, eignet sich aber gleichermaßen zum Anreiben mit Pigmenten. Die Streichfähigkeit wird durch Verdünnen mit Terpentinöl erreicht, durch Zugabe von Harzen nähert es sich den Öllacken an. Seit einiger Zeit produziert beispielsweise die Firma Kreidezeit wieder harzfreie Leinölstandölfarben. Sie weisen eine hohe Wetterbeständigkeit auf.

Öllacke

Öllacke wären demnach Ölfarben mit erheblichen Harzzusätzen und damit von größerer Härte. Zur Hochzeit der Naturharzlacke hätte man umgekehrt reine Lackverkochungen mit Ölzugaben als Lacke bezeichnet. Die Zugabe von Öl ist nötig, um zu große Sprödigkeit zu vermeiden. In der Literatur finden sich zahllose Spezialrezepturen, sei es für Lokomotiven-, Schultafel- oder Kutschenlack. Das setzt sich dann fort über Strohhutlacke, Instrumentenlacke oder Papierlacke.

Hersteller von Ölfarben und Öllasuren: Auro, Livos, Leinos, Kreidezeit, Biofa, Aglaia, Naturhaus, Ecotec, Thymos, Haga

Rizinus – der Wunderbaum

Der Rizinus (Ricinus communis) ist ein Wolfsmilchgewächs, eine Pflanzenfamilie, die in den Tropen, Subtropen und im Mittelmeergebiet eine große Verbreitung gefunden hat, aber auch in Mitteleuropa verbreitet ist. Häufig findet man den Wunderbaum, Hundsbaum, Läusebaum oder Palma Christi, wie er auch noch genannt wird, verwildert an Straßenrändern und auf Schuttplätzen. Der Rizinus wächst äußerst schnell. Innerhalb weniger Monate kann sich aus den schön gezeichneten Samen, die in Indien und Afrika zu Schmuckketten verarbeitet werden, ein drei Meter hoher Baum entwickeln. Bei optimalen Wachstumsbedingungen kann er zehn Jahre alt werden und bis zu zwölf Meter groß werden. Der Wunderbaum gilt als eine der ältesten Arzneipflanzen und ist schon im Papyrus Eber der Ägypter um 1500 v. Chr. erwähnt. Die stachligen Samenkapseln enthalten je drei Samen, die sehr ölhaltig sind. Rizinusöl war lange als ein mildes, auch für Kinder geeignetes Abführmittel bekannt, obwohl die Samen äußerst giftig sind. Der Eiweißstoff Ricin übertrifft in seiner Toxizität sogar noch Zyankali, und bereits drei Milligramm des gegen alle Verdauungsfermente stabilen Proteins wirken tödlich. Bei der Ölgewinnung bleibt das Ricin im Presskuchen zurück, und das Rizinusöl enthält keine toxischen Komponenten mehr. Es ist in Indien immer noch ein wichtiges abführendes Mittel. Rizinus- oder Rizinenöl hat in letzter Zeit vor allem in der ökologischen Farbherstellung eine große Bedeutung erlangt. Es gilbt im Gegensatz zum Leinöl nicht nach, hat aber verglichen mit diesem und vor allem mit dem Standöl längere Trocknungszeiten. Auch hier gilt es also wieder, das eine gegen das andere abzuwägen.

Ochsenblut und Schwedenrot: Äkta Falu Rödfärg

Schon lange war uns aufgefallen, dass in Skandinavien viele Holzhäuser dunkelrot angestrichen sind, was besonders für die ländlichen Gebiete Mittelschwedens gilt. Im Kontrast mit den wogenden goldenen Getreidefeldern prägt diese Farbgebung den Stil der ganzen Region. Die rote Farbe ist auf besondere Pigmente in den Kupferbergwerken von Falun zurückzuführen. Um dem auf den Grund zu gehen, besuchten wir die Bergwerke und die Herstellerfirma des *Äkta Falu Rödfärg* – des traditionellen Schwedenrots.

Der skandinavische Ochsenblutanstrich wird kaum jemals Rinderblut enthalten haben, der Name dürfte vielmehr auf dem typischen dunkelrotbraunen Farbton beruhen. Bei direkter Sonneneinstrahlung entfaltet er übrigens eine überraschende Leuchtkraft. Vermutlich geht diese Tradition, die Häuser mit dem Schwedenrot zu streichen, auf die Entdeckung zurück, dass alte Stempel (Stollenstützen) aus den Kupferbergwerken von Falun ganz besonders haltbar waren. Dieses Holz war mit Staub oder Staubschlamm von der Abbautätigkeit überzogen und dadurch sehr widerstandsfähig. Anstriche mit Schwedenrot zeigten auch auf Scheunen, Holzzäunen und Wohnhäusern eine gute Dauerhaftigkeit und Widerstandsfähigkeit gegen lange, harte Winter. Ob vor über 300 Jahren jemand die Zusammensetzung analysierte, wissen wir nicht, heute können wir jedoch sagen, dass das kieselsäurereiche Erdmaterial mit kleinen Blei- und Kupferanteilen (jeweils etwa ein Hundertstel, also 0,01 Prozent) als Holzschutzmittel taugt.

Das Pigment allein stellt jedoch noch kein Anstrichmittel dar. Man könnte es in Kasein einbinden, in pflanzliche Öle oder in Kunstharzdispersionen, aber all das liefert nur begrenzt taugliche Außenanstriche. So entstand damals in Schweden eine Rezeptur, die aus vorhandenen Rohstoffen eine intelligente und bis heute angewendete Kombination bildete. Das Äkta Falu Rödfärg besteht hauptsächlich aus Weizen- und Roggenmehl, Leinölfirnis, dem gebrannten und gemahlenen Abraum der Faluner Halden (Eisenoxidpigment mit den genannten Verunreinigungen) und Wasser. Etwa 2 Prozent Eisenvitriol und ein Schuss Seife zur Unterstützung der Emulsion runden das Rezept ab. Keine Lösungsmittel, keine dampfbremsenden Kunststoffe, keine Trocknungsbeschleuniger oder Filmbildner, überhaupt keine synthetischen, industriell bereiteten Zusätze – Natur pur. Die erreichten

Anstrichstandzeiten für Holz im Außenbereich von annähernd zehn Jahren machen diese Farbe auch für südlichere Regionen interessant.

Wer will, kann heute noch die Faluner Bergwerke besichtigen und bis auf 600 Meter Tiefe einfahren. Ein kleines Museum zeigt die historische Aufbereitung der Kupfererze sowie die Entwicklung des Bergbaus. Das Falunpigment wurde zeitweise kontingentiert, um ausreichend Rohstoff für den einheimischen Markt zu sichern. Der heute größte Hersteller des Anstrichmittels Schwedenrot ist ein Familienbetrieb in der dritten Generation. Der Großvater, in seiner Jugend Eigner eines Landhandels, beschloss die Farbe fertig anzubieten, da die Kocherei doch recht aufwendig war. In vielen Schritten wird die Farbe über fast 24 Stunden in großen Ansätzen zubereitet, die Vorgehensweise ist wichtig für das Erreichen einer stabilen Emulsion. Nacheinander werden Wasser, Vitriol, Mehl, Pigment und Leinöl hinzugegeben, und es wird immer wieder über festgelegte Zeiträume auf bestimmte Temperaturen erhitzt. Schließlich gelangt die Farbe in einen großen Lagertank, aus dem sie noch warm und dünnflüssig abgefüllt wird. Später nimmt sie eine etwas puddingartige Konsistenz an. Heute sind etwa sieben Personen damit beschäftigt, jährlich 2400 Tonnen Farbe zu kochen und abzufüllen.

Ob als Neuanstrich (Bild links, Beispiel aus Deutschland) oder als historische Gestaltung der skandinavischen Bergarbeiterkapelle, Rödfärg belebt (Fotos: Martin Krampfer, Hamburg).

Harze

Harz stellt von jeher einen bedeutenden und vielseitigen Roh- und Werkstoff dar. Der harzgetränkte glimmende Ast ist eine der ursprünglichsten Lichtquellen in der menschlichen Behausung. Als Dichtungs- und Klebemasse war es ein begehrter Rohstoff für den Schiffbau, in der Küferei und im Schusterhandwerk. Im medizinisch-kosmetischen Bereich spielte diese facettenreiche Substanz eine große Rolle, sei es als Bestandteil von Pflastern, Salben und Umschlägen oder als Grundlage von Seifen und Parfümen. Die griechischen Winzer setzen, wie schon ihre Vorfahren in der Antike, dem Retsina noch heute Harz als Konservierungsmittel und Geschmacksveredler bei oder verwenden diesen für die Fasshygiene. Hierzulande galt Harz darüber hinaus als ausgezeichnetes Mittel, den kostbaren Weihrauch etwas zu strecken. Oder er wurde als herber, aber wohlschmeckender Kaugummi genossen.

In der Farben- und Lackproduktion spielen unter den Harzen vor allem Kolophonium (siehe unten, »Wie Pech und Schwefel zusammenhalten«), Dammarharz und früher Bernstein als das härteste einheimische Harz eine Rolle. Es wird aus lebenden Kiefern gewonnen und zählt damit zu den nachwachsenden einheimischen Rohstoffen. Reine Klarlacke aus Kolophonium und Terpentinöl können durch kleine Ölzugaben weich gemacht werden.

Wie Pech und Schwefel zusammenhalten

Klebt Ihnen auch das Pech an den Händen oder gar an den Hosen? Sehen Sie sich auch vom Pech verfolgt, haben Sie gerade eine Pechsträhne, oder sind Sie ein Pechvogel wie jene bedauernswerten gefiederten Geschöpfe, die an den Pech- oder Leimruten der Vogelfänger kleben blieben?

Pech als eine unglückliche Fügung des Schicksals ist Teil unseres Alltagslebens, dem sich niemand ganz entziehen kann. Doch wer weiß noch, was es mit dem Pech, dieser zähflüssig-klebrigen schwarzen Masse, auf sich hat und wie sie entsteht?

Bei einer Wanderung durch die niederösterreichischen Thermenalpen mit der charakteristischen Vegetation eines geschlossenen Föhrenwaldes, in dem sich die Wärme staut und die Luft schwer vom Harzgeruch ist, fallen noch heute Ansammlungen von Tontöpfen am Fuß der Bäume und die regelmäßigen Narben an den Kieferstämmen auf. Das sind die Überbleibsel des traditionellen Pechnerhandwerks, von dem ältere Leute noch viel zu erzählen wissen, lebten doch in dieser Gegend viele Familien ausschließlich von der Harzgewinnung, dem Pechern. Auf den guten Kontakt und das solidarische Verhalten innerhalb dieser oft bedrängten Zunft geht die Redewendung »wie Pech und Schwefel zusammenhalten« zurück. Heute treffen wir hier nur noch vereinzelte Pechner an. Das anspruchsvolle Handwerk konnte sich nur in Portugal noch halten, wo die Destillierprodukte Kolophonium und Balsamterpentinöl für Baubiologie und heilkundliche Anwendungen hergestellt werden. Die moderne Massenproduktion braucht den Rohstoff für die Farben-, Lack-, Firnis- und Papierherstellung in derartigen Mengen, dass die traditionelle Harzgewinnung keine Chance hatte und durch Erdölderivate verdrängt worden ist.

Hartöle und Wachse für Fußböden

Für die Oberflächenbehandlung von Holz werden von Wachsen praktisch nur Bienenwachs und Carnaubawachs eingesetzt. *Bienenwachspräparate* sind für weniger strapazierte Oberflächen geeignet. Sie erreichen keine große Härte, aber einen sehr schönen seidigen Glanz. Die Holzoberflächen werden in ihrer natürlichen Farbe und Musterung angefeuert und sind schmutzabweisend. Ein Aufpolieren ist einfach zu bewerkstelligen. Die Wachs-

Carnaubawachs.

salben können pigmentiert werden, was besondere Effekte ermöglicht. Verschiedene Hersteller bieten Wachse zur Verfeinerung und Strukturierung von Anstrichen an. So dient *Punisches Wachs* (Kreidezeit), eine Wachsseife von salbenartiger Konsistenz, als matter oder nach Polieren als glänzender Überzug für Stuccolustro, Tadelakt, Marmorimitationen und Kaseinfarbenanstrichen. *Antikwachs* ist ein meist mit Siena oder Umbra gebräuntes Wachs, das zur *Patinierung* benutzt wird.

Behandlung von Holzfußböden

Bei großer Beanspruchung des Holzes, etwa bei Fußböden, ist es sinnvoll, Fußbodenhartwachs zu verwenden. Zuvor sollte das Holz mit Fußbodenhartöl oder Holzhartöl auf der Basis von kalkgehärtetem Kolophonium grundiert werden. Bei Behandlungen mit Hartölen und Hartwachsen bleiben die natürlichen Eigenschaften des Holzfußbodens erhalten. Durch die Feuchtigkeitsaufnahme und -abgabe wird das Raumklima verbessert, es gibt keine elektrostatische Aufladung, und auch die Kontaktwärme geht wie bei Behandlung mit Kunststofflacken nicht verloren. Öle und Wachse verbreiten Wohlbehagen, was unsere Füße zu schätzen wissen.

Abschleifen eines Parkettbodens, Auftrag von Hartwachs und Polieren.

Fußbodenhartöle schaffen einen strapazierfähigen Oberflächenschutz für unbehandeltes Holz, Holzplatten, Küchenabdeckungen, unbehandelten Kork oder Naturstein im Innenbereich. Für Außenbereiche sind sie nicht geeignet. Fußbodenhartöl soll keine Schicht auf dem Holz bilden, sondern in das Holz eindringen und die Poren auskleiden. Die Hartöle können nach Arbeitsanleitungen der Hersteller in einem Grund-, Zwischen- und Schlussanstrich verarbeitet werden. Für Untergründe, bei denen auf eine Folgebehandlung mit Wachs verzichtet wird, bildet der zweite Auftrag nach einem Zwischenschliff zugleich die Schlussbehandlung.

Die *Fußbodenhartwachse* von salbenartiger Konsistenz werden mit einem Lappen auf die mit Hartöl vorbehandelten Böden dünn und gleichmäßig aufgetragen. Überstände sind zu vermeiden. Für größere Flächen empfiehlt es sich, eine Bohnermaschine zu benutzen. Das Wachs wird auf etwa 60 Grad Celsius erwärmt, auf den Boden geträufelt und mit der Maschine gleichmäßig verteilt. Nach vier bis sechs Stunden kann die Fläche seidenglänzend poliert werden. Mehrere Hersteller bieten mittlerweile auch Hartwachsöle an, eine Kombination die gut zu verarbeiten ist.

Bei geringer Verschmutzung ist es ausreichend, geölte und gewachste Fußböden mit handwarmem Wasser ohne Zusätze zu reinigen. Heißes Wasser und entfettende oder scheuernde Reiniger sollten nicht verwendet werden. Zur Reinigung bei mäßiger Verschmutzung empfehlen wir die stark rückfettende *Marseiller Seife,* ansonsten bieten alle Hersteller von Fußbodenölen auch Pflegesysteme an. Meist dienen das Seifen zum Reinigen und Zubereitungen der *Carnaubawachsemulsion* zum Erhalt der Beschichtung.

Hersteller von Hartölen und Wachsen: Aglaia, Auro, Leinos, Livos, Kreidezeit, Biofa, Sehestedter, Thymos, Haga, Naturhaus

Steinöl für mineralische Fußböden

Das Steinöl ist ein transparentes, widerstandsfähiges, seidenmattes Hartöl, bestehend aus natürlichen Ölen und Harzen. Es ist gut geeignet zur dauerhaften Behandlung von mineralischen Fußböden. Deckungsgrad und Farbton können mit den Steinöl-Konzentraten individuell angepasst werden. Charakter und natürliche Struktur des Untergrunds bleiben weitgehend erhalten. Steinöl eignet sich für den Wohn-, Geschäfts- und Gewerbebereich.

Das Steinöl wird mit einer kurzhaarigen Lackrolle in drei Arbeitsgängen aufgerollt. Die beiden ersten Schichten können mit den Steinöl-Farbkonzentraten individuell eingefärbt werden. Dabei können je nach Wunsch und Farbton leicht lasierende bis nahezu deckende Effekte erzielt werden. Die Hersteller halten ein technisches Merkblatt mit Details bereit.

Hersteller von Steinöl: Biofa, Thymos

Mit Steinöl behandelte Fußböden (oben und rechte Seite oben).

Mit Hartöl behandeltes
Parkett.

Anstrichempfehlungen – Was Sie meiden sollten

Für jeden gut vorbereiteten Untergrund gibt es umweltverträgliche, gesunde, praxisgerechte Farben, Lacke, Wachse und Öle. Wir geben hier stichwortartig Empfehlungen ab und sagen gleichzeitig, von welchen Produkten Sie Abstand nehmen sollten.

Mineralische Fassadenputze
Empfehlung: reine Silikatfarbe oder verkieselungsaktive Dispersionssilikatfarbe ohne Kunststoffanteile, eventuell auch mehrschichtige Sumpfkalkanstriche

Meiden: Kunststoffdispersionsfarben, Silikonharzfarben, Kunstharzfeinputze

Holzfenster, Holzkonstruktionen außen
Empfehlung: diffusionsoffene, pigmentierte Ölfarbe, Öllasur oder Öllack auf der Basis pflanzlicher Rohstoffe, möglichst harzfrei
Meiden: Alkydharzlacke und -lasuren, Acryllacke und -lasuren, Dispersionslacke, biozidhaltige Holzgrundierungen

Holzverkleidungen innen, sägerauh oder gehobelt
Empfehlung: unbehandelt lassen, Öllasur, Lasur auf der Basis von Kaseintempera, Schellack oder Kieselsol, Ölgrundierung und Wachsen mit Bienen- oder Carnaubawachs
Meiden: Acryllacke und -lasuren

Holzböden, Kork, offenporige Steinfliesen
Empfehlung: Seifen, Ölgrundierung, Hartöl- und Hartwachsbehandlung, Pflege mit Seifen und Wachsemulsionen
Meiden: Versiegelungen auf Polyurethan-, Alkyd- oder Acrylharzbasis, Zweikomponentenlacke

Innenputze, Papiertapeten, tragfähige Altanstriche
Empfehlung: Leimfarben, Naturharzwandfarben oder Kaseinfarben, Kalkanstriche
Meiden: Kunststoffdispersionsfarben wie Latexfarbe usw.

Stark beanspruchte Innenwände
Empfehlung: Naturharzwandfarben, scheuerbeständig, eventuell auch Silikatfarben
Meiden: Kunststoffdispersionsfarben

Innenwände in Kellern und Räumen mit hoher Luftfeuchtigkeit, Untergrund Kalkputz
Empfehlung: Sumpfkalk, Kalkfarben oder Silikatfarben
Meiden: Kunststoffdispersionsfarben mit Bioziden

Schöne Kalkfassade (Foto: Haga).

Welcher Putz passt auf welchen Untergrund

In dieser Tabelle finden sich Vorschläge, welche Putzsysteme zu welchen Untergründen passen. Unter Umständen sind Vorarbeiten wie Grundieren nötig.

Mögliche Putze → Untergrund ↓	Kasein-streichputz, -rollputz	Naturharz-putze	Kalk-glätte	Kalk-haftputz	Stucco-lustro, Tadelakt	Lehm-anstrich	Lehm-putz	Kieselsol-produkte
Beton	X	X	X	X	X	X	X	X
Zementputz	X	X	X	X	X	X	X	
Kalkmörtel	X	X	X	X	X	X	X	
Gipsputz	X	X	X	X		X	X	X
Lehm	X	X	X	X	X	X	X	
Gasbeton	X			X	X		X	
Kalksandstein	X		X	X	X	X	X	
Backstein	X	X	X	X	X	X	X	X
Klinker	X	X		X		X	X	X
Gipskarton	X	X	X	X	X	X	X	
Fermacell	X	X	X	X	X	X	X	
Heraklit				X	X	X	X	
Kunststoff		X						X
Weichfaser	X	X				X		
OSB	X	X		X		X	X	X
Holz						X		X
Altanstriche								
Kalkfarbe	X	X	X	X	X	X	X	
Silikatfarbe	X	X	X	X	X	X	X	

Lehmoberflächen

Lehm und Lehmbauprodukte können energieaufwendig erzeugtes Baumaterial ersetzen. Alle Kreisläufe von der Verarbeitung bis zur Wiederverwendung oder Wiedereingliederung in die Natur bleiben überblickbar. Durch seine Fähigkeit, Luftfeuchtigkeit zu regulieren und Temperaturschwankungen auszugleichen, schafft Lehm ein gesundes Raumklima, bindet Staub und beugt so Erkältungskrankheiten, Asthma und Allergien vor. Lehmwände und Lehmputze sind antistatisch, neutralisieren Rauch und absorbieren in Wasserdampf gelöste Schadstoffe. Doch damit nicht genug der Lobpreisungen: Lehm ist ein Naturmaterial, das den Händen und der Haut schmeichelt und zum Formen und Gestalten einlädt.

Kaseinfarben und Kaseinbehandlungen haben sich als ideale Ergänzung bei der Arbeit mit Lehm erwiesen. Dabei lässt sich auch veranschaulichen, wie wichtig es ist, Wand und Farbe als Einheit zu betrachten und nicht – wie in der Malerei oft üblich – die Farbe als Film und abschließenden Auftrag auf irgendeine Oberfläche zu sehen. Kaseinlösungen oder Kaseinleimlösungen sind auch gut als Grundierung geeignet. Stark saugende Untergründe wie Lehm müssen vor dem Anstrich grundiert werden. Es gilt zu verhindern, dass der Lehm das Bindemittel aus der Farbe wegsaugt. Eine Kaseingrundierung kann auch dann aufgebracht werden, wenn gar kein Anstrich vorgesehen ist. Sie verhindert durch ihre Bindekraft das Absanden von Wänden.

Lehmputz, Lehmfeinputz

Lehm ist der älteste und damit auch der am längsten und gründlichsten erprobte Baustoff der Menschheit. Über Jahrhunderte hat Lehm in vielen Kulturen den Beweis erbracht, dass er allen Anforderungen an gesundes, günstiges Bauen gerecht wird und sich in Naturkreisläufe einfügt. Spezialisierte Firmen wie Haga, Eiwa, Claytec und Natur und Lehm bieten heute eine breite Palette von unterschiedlichen Verputzen, Lehmbauplatten, Lehmsteinen, Grünlingen, Leichtlehm- und Lehmkorksteinen, Lehmmörtel bis hin zu fertig auf die Baustelle gelieferten Lehmschüttungen mit unterschiedlichen Zuschlagstoffen in mehreren Rohdichten an, die alle zur Klimaverbesserung und zu höherem Wohnkomfort beitragen.

In der Regel werden Lehmputze auf Pisé, also Stampflehmwänden, oder Adobe, Lehmsteine der unterschiedlichsten Art, aufgebracht. Dazu kommen Wandaufbauten mit Lehmbauplatten, Lehm-Trockenputzplatten usw., mit denen einfach und kostengünstig Abhilfe bei schlecht gedämmten kalten Außenwänden oder bei schadhaften und versiegelten Oberflächen geschaffen werden kann. Innenputze aus Lehm bestehen aus reiner mineralischer Erde unterschiedlichster Feinheitsgrade, teilweise mit Zuschlägen auf Zellulosebasis. Sie sind für alle Lehmbauweisen gut geeignet. Für Wandaufbauten mit Lehmbauplatten, Porenbeton, porosierten Ziegeln, Kalk und Kalksandstein, Trockenbauplatten usw. haben die Hersteller neue Lehmputze entwickelt, die mit Pflanzenfasern auf Zellulosebasis gemischt sind. Die Zuschlagstoffe erhöhen das Wasserbindevermögen und geben dem Lehm eine gewisse Elastizität.

Hersteller von Lehmputzen: Claytec, Haga, Eiwa, Natur und Lehm

Lehmedelputze

Es gibt eine ganze Reihe von Lehmfeinputzen für dekorative Oberflächen. Neben Lehm, der mit Erdpigmenten gefärbt wird, gibt es auch Wandputze nur aus Lehm und Sand – ohne Pigmentzusätze. Jedes einzelne Sandkorn strahlt so seine Farbigkeit aus, bildet ein eigenständiges Farbkristall. Mit solchen Lehmedelputzen lassen sich Wände mit großer Ausdruckskraft gestalten. Die farbigen Sande finden sich vor allem in Vulkangebieten wie in der Eifel, auf Lipari oder Santorin. Die Palette der farbigen Kristalle reicht vom strahlenden Weiß der Kaolinerden über Sonnengelb, Rosé, Lichtblau, Lindgrün, Stein-

Links Stampflehmwand (Foto: Claytec).
Rechts Kalkkaseinanstriche auf Lehmputz.

grau bis hin zu kräftigen Rot- und Ockertönen. Das feuchte Aufreiben bringt eine Art Aquarellschleier auf die Wandoberfläche und lässt die Kristalle des feinen Sandes glitzern. Die harmonische Farbenwirkung lädt zu künstlerisch-handwerklichen Formgebungen und Strukturen ein, zu einem spielerischen Umgang mit einem ausdrucksvollen Naturmaterial.

Lehmedelputze werden im Innenbereich an Wänden und Decken sowie an schlagregensicheren Fassaden als Dekorputze angebracht. Sie werden einlagig in Putzstärken von 2 bis 5 Millimetern auf lehmgrundierte Untergründe aufgetragen und haften auf vielfältigen Putzgründen wie Lehmflächen aller Art, Kalkputzen, Zementputzen, rauhen Kunstharzplatten, Kalksandstein, Bims-, Ziegel-, Blähton- und Porenbetonsteinen, rauhen Betonflächen, Natursteinen, Gipskarton, Fermacell, geputzten Schilf- und Korkplatten, Leichtbauplatten usw.

Untergrundvorbereitung und Verarbeitung

Vor jedem Putzauftrag muss der Untergrund gereinigt und nach Kriterien wie Saugfähigkeit, Risssicherheit und Festigkeit geprüft und grundiert werden. Ist der Untergrund beispielsweise stark wassersaugend, muss die Fläche zunächst gewässert werden. Dann wird die Lehmgrundierung, eine aus sehr fein gemahlenen Lehmen in Wasser klumpenfrei gelöste Lehmpaste mit Joghurt-ähnlicher Konsistenz (als Fertigprodukt erhältlich), mit einem breiten Malerquast oder einer Rolle gleichmäßig aufgezogen. Nachdem die Lehmgrundierung komplett durchgetrocknet ist, wird die zu putzende Fläche mit Hilfe eines Blumensprühers leicht angefeuchtet. Anschließend wird der in Wasser angerührte Lehmedelputz als Handputz mit dem Aufziehbrett oder mit einer Putzmaschine in Putzdicken von 2 bis 5 Millimeter aufgetragen. Sollen glatte Oberflächenstrukturen erzeugt werden, wird der feuchte Putz mit der Glättkelle bearbeitet. Besonders lebendige, sanft bewölkte Oberflächen entstehen, wenn man die Lehmputzfläche nach völliger Trocknung mit dem angefeuchteten Schwammbrett leicht aufreibt und strukturiert.

Steinbruch, in dem Lehmedelputze gewonnen werden.

Einige Hersteller bieten die Lehmedelputze ebenfalls als Streichputze an, die auch von Laien leicht zu verarbeiten sind. Hierbei ist jedoch sehr genau auf eine Volldeklaration zu achten, da es leider auch Produkte mit höchst fragwürdigen Inhaltsstoffen gibt. Genannt seien nur Essigsäureester, die harmlos klingen, aber zu den Kunstharzbindemitteln gehören.

Hersteller von Lehmedelputzen und Lehmstreichputzen: Claytec, Haga, Eiwa, Natur und Lehm, Biofa

Japanputze

In japanischen Kaiserpalästen wurden mit den Marmorglanz-Lehmputzen Wände von vollendeter Schönheit geschaffen. Die Technik war allerdings so zeitaufwendig, dass sich nur die reichsten Leute solch edle Wandgestaltungen leisten konnten. Für einen Quadratmeter wurde mit einem Zeitaufwand von sechs bis acht Stunden gerechnet. Eine Mischung aus Sumpfkalk, Seetang, Feinsand, Erdpigmenten und Lehm wurde in dünnen Schichten von einem Millimeter durch kräftiges Aufreiben mit speziellen Glättekellen in bis zu sechs Lagen auf die vorbereiteten Lehmuntergründe aufgetragen. Die Oberfläche wurde spiegelglatt, ähnlich wie beim Stuccolustro.

Eine Wand ist in Japan mehr als eine Begrenzung des Raumes. Die kreative Gestaltung der Oberfläche macht sie zum ästhetischen Objekt. Die Japaner haben schon sehr früh erkannt, dass sich raumklimatische, gesundheitliche, ökologische und ästhetische Ansprüche mit dem Urmaterial Lehm vereinigen lassen. Die lebendigen Farben, Tönungen, das virtuelle Spiel mit den feinen Unterschieden in den Körnungen bereiten nicht nur beim Berühren der fertigen Wand ein Vergnügen, sondern schon beim Verarbeiten. Um eine meisterliche Verarbeitung der Japanputze in fernöstlicher Handwerkstradition zu gewährleisten, bieten Hersteller wie Claytec neben den speziellen Putzen ein umfangreiches Sortiment ausgesuchter japanischer Putzwerkzeuge an. Auf Lehmunterputz oder anderen ebenen, saugfähigen Untergründen lassen sich mit Japanputzen ausdrucksstarke Oberflächen gestalten.

Die Hersteller halten Arbeitsblätter bereit, die zu Lehmputzen, Japankelle und Japanputz, aber auch zu Stampflehm-, Lehmstein-, Leichtlehmwand, Reparatur von Lehmausfachungen, Lehmbauplatte usw. Auskunft geben. Hier wird Ihnen auch der jeweilige Partner in Ihrer Region genannt.

Hersteller von Japanputzen: Claytec

Japanputze.

> **Lehm, das geniale Material für Kreative**
> Für kreative, aber handwerklich ungeübte Menschen ist Lehm ein geniales Material, das nicht chemisch abbindet, sondern seine Festigkeit allein durch Trocknen erhält. Die verputzte Wand eines Anfängers kann nach der ersten Phase des Antrocknens mit einem feuchten Schwamm ausgeglättet werden, so dass Unebenheiten verschwinden. Selbstverständlich können wir auch zu dilettantisch-handwerklichen Ungeschicklichkeiten stehen, die den Charme des Natürlichen ausstrahlen, solange sie nicht mit Mängeln verbunden sind, die die Haltbarkeit der Konstruktion, der Verputze oder der Anstriche gefährden. Baustoffe aus Lehm überzeugen – ob im Kaiserpalast, in der Wohnung oder in öffentlichen Gebäuden.

LehmColor-Streichputz

Neue Produkte, wie der LehmColor-Streichputz bieten unbegrenzte Möglichkeiten für Raumgestaltungen. Durch das Zusammenspiel von Putzstrukturen, Farben sowie Licht und Schatten entsteht eine wohltuende Lebendigkeit. LehmColor ist ein natürlicher, naturweißer, lösemittelfreier Streichputz aus Lehm, Tonerde, Kreidemehl, Talkum, Kalksandstein, Zellulose und pflanzlichen Harzen. Der Streichputz ist gut deckend und atmungsaktiv und verbessert deshalb das Raumklima. Er lässt sich durch Streichen oder Spachteln sehr einfach verarbeiten. Die weißen Streichputze können durch Vollton- und Abtönfarben zu harmonischen Farbnuancen eingefärbt werden.

Der Hersteller hält für die Verarbeitung und diverse Ergänzungsprodukte ausführliche Beschreibungen bereit.

Hersteller LehmColor-Streichputz: Haga. Auch Claytec, Eiwa, Thymos und andere Anbieter auf dem Markt bieten unter Namen wie Clayfix, Art Color usw. ähnliche atmungsaktive und wohngesunde Produkte an.

Lehm für Wandaufbauten

Einfach, ehrlich, solide, überzeugend: Erde, eingestampft in eine Verschalung. Oft kann Grubenlehm mit seiner natürlichen Mischung von feinen und groben Anteilen bis hin zu größeren Steinen als recht trockene Mischung eingesetzt werden. Dieser Stampflehm, auch Pisé genannt, bildet eine massive Lehmwand, die mit ihrer Speichermasse für einen hervorragenden Klimaausgleich sorgt und mit ihrer Schlichtheit und ästhetischen Schönheit besticht. Eine solche Wand ist eine Zierde und Wohltat im Wohnungsbau, aber auch in einer Bank, in einem Krankenhaus oder Altersheim.

Stampflehm ist Lehmbau in seiner ursprünglichsten Form, der in vielen Kulturen der Welt Tradition hat und auch im deutschsprachigen Raum viele Beispiele kennt. Aus Stampflehm werden Außenwände, Innenwände und Estriche erstellt. Lehmbaufirmen wie Claytec liefern das verarbeitungsfähige Material auf die Baustelle.

Moderne Lehmbauweisen eröffnen viele Möglichkeiten im Wandaufbau, der immer entscheidend die äußere Schicht, ob Farbe oder Verputz, beeinflusst. Wir wollen hier neben der Darstellung der Piséwand (siehe Seite 76) nur kurz auf einige Konstruktionsweisen für Wandaufbauten mit Lehm eingehen. Die spezialisierten Firmen haben viel mehr zu bieten, und es lohnt sich, durch Broschüren, Informationsmaterial oder ein Gespräch mit Fachleuten sich einen Überblick zu verschaffen.

Korklehmsteine

1991 wurde auf Initiative der Werkstatt für Behinderte des Epilepsiezentrums im badischen Kehl-Kork eine zentrale Verarbeitungs- und Sammelstelle für Flaschenkorken gegründet, die von vielen regionalen Stellen in ganz Deutschland beliefert wird. Im Jahr werden etwa 150 Millionen Flaschenkorken gesammelt und verarbeitet. Deutschland importiert jährlich etwa 1,4 Milliarden

Flaschenkorken, von denen etwa 75 Prozent gesammelt und in irgendeiner Form wiederverwertet werden.

In Kehl-Kork werden Korken zu Granulaten unterschiedlicher Körnung vermahlen, entstaubt und in handliche 100-Liter-Säcke verpackt. Sie dienen als Dämmstoffgranulat oder werden zu Leichtlehmbaustoffen verarbeitet. Die Korklehmsteine, die heute einen festen Platz in der Sanierung von Fachwerkhäusern haben, aber auch wie alle Leichtlehmsteine für Wandaufbauten hervorragend geeignet sind, werden in Handarbeit hergestellt: Gut aufbereiteter Rohlehm wird mit grobkörnigem Korkgranulat und Strohhäcksel unter Wasserzugabe angemischt und in genutete Holzformen gefüllt. Unmittelbar nach der manuellen Verdichtung kann die Holzform ausgeschalt werden. Nach der Trocknung werden die hoch wärmedämmenden Leichtlehmsteine transportfertig palettiert.

Wegen ihres hervorragenden Wärmeleitfähigkeitswertes von 0,13 mauert man bei Fachwerksanierungen hauptsächlich die Außengefache mit 15 Zentimeter dicken Korklehmsteinen aus oder erstellt damit Außenwand-Vorsatzwände. Ein Gemisch aus Korkgranulat und Lehm, Korklehmfüllmasse genannt, hat sich bei Außen-

Verputzte Wand mit Korklehmsteinen.

Schichtaufbau auf einer Korkleichtlehmwand.

wand-Zwischenschichten und Deckenfüllungen gut bewährt. Diese Naturbaustoffmischung lässt sich rationell mit bauüblichen Estrichpumpen verarbeiten. Dabei lassen sich die Rohdichten durch Zugabe von Sand – je nach Einsatzbereich von 300 bis 800 Kilogramm pro Kubikmeter – variieren. Auf diese Weise werden gute Schallschutzwerte bei gleichzeitig guter Wärmedämmung erreicht.

Kork-Lehm-Produkte zeichnet vor allem aus, dass alle Materialien bei einem späteren Umbau wieder verwendet werden können. Diese wertvollen Naturbaustoffe sind gesund, selbstbaufreundlich und für praktisch alle Wandaufbauten geeignet, die über Generationen erhalten bleiben, und zudem fügen sie sich in Kreisläufe ein.

Auskunft über Korklehmsteine und Korkfüllmassen: Werkstatt für Behinderte (WfB), Landstraße 1, D-77694 Kehl-Kork, Telefon 07851-84505. Claytec, Haga und andere auf Lehmprodukte spezialisierte Firmen bieten ähnliche Leichtlehmsteine sowie Lehmputze für die unterschiedlichsten Anwendungen an und informieren gern über die Einsatzmöglichkeiten von Trockenlehm.

Lehmbauplatten

Alle Hersteller von Lehmbauprodukten bieten Lehmbauplatten an, die sich gut für den Innenausbau eignen und vielfach einfache, aber überzeugende Möglichkeiten erschließen. Sie eignen sich als Vorsatzschalen, für Innenwände sowie für Decken und Dachverkleidungen. Die Platten tragen zu einem guten Raumklima bei, bieten zudem hervorragende Schallschutzwerte und einen geprüften Brandschutz.

Die *Lehmtrockenputzplatte*, die vollflächig auf alte Wand- oder Deckenflächen verklebt wird, schafft durch warme raumseitige Wandoberflächen Wohnbehaglichkeit und verbessert auch bei schlechter Wärmedämmung das Raumklima. Die Anbringung gerade in der Altbausanierung verursacht weder Schmutz noch Nässe und eignet sich gut für den Selbstbau.

Kalkputze, Kalkglätte, Stuccolustro, Tadelakt

Kalk ist ein bewährter Grundputz für das ganze Haus. Wir (Heinz Knieriemen mit seiner Familie) haben bei unserem Hausneubau alle Räume vom Keller über die Küche, Wohn- und Schlafzimmer bis hin zum Bad mit Kalkputzen versehen und diese dann mit Kalk- oder Kaseinfarben gestrichen, mit Kalkfeinputzen versehen oder auch im Originalzustand belassen. Mein Büro habe ich mit einer Lehmsteinkonstruktion und Lehmputzen ausgestattet, die teilweise mit Kasein- oder Kalkkaseinfarben gestrichen wurden. Im Bad haben wir zu den Kalkputzen eine Wand hinter der Eichenholzbadewanne mit Lehmfeinputzen gestaltet (siehe Seite 24). Wir erfreuen uns des guten Raumklimas und der harmonischen Wände mit den belebenden feinen Farbnuancen der Natur. Dass Kalk und damit ein Kalkputz nicht immer weiß sein muss, sondern je nach mineralischen Anteilen von hellem Beigebraun bis hin zu einem satten Rostrot gefärbt sein kann, zeigt sich eindrücklich beim marokkanischen Tadelakt.

Kalkputze können bei größeren Flächen wie Lehmputze mit speziellen Putzmaschinen aufgetragen und später geglättet werden. Der einlagige Auftrag des Kalkputzes in unserem Haus kam uns übrigens günstiger als die üblichen mehrlagigen Putze der Handwerker, auf denen dann häufig noch ein Dispersionsanstrich angebracht wird.

Kalkhaftputze und Kalkstreichputze

Die Möglichkeiten, mit Kalkputzen zu arbeiten, sind heute vielfältig. Neben den rein mineralischen Putzen bieten einige Hersteller sogenannte haftverbesserte Putze an, beispielsweise Kalk Haftputz von Kreidezeit. Dieser ist bis zu einer Körnung von 1,4 Millimeter erhältlich. Die Putze enthalten neben Kalkhydrat unterschiedliche mineralische Inhaltsstoffe wie Quarzsande, Porzellaner-

> **Tipp aus der Praxis**
> Kalkputze, Kalkstreichputze und haftverbesserte Kalkfeinputze sind im Innenbereich auf allen tragfähigen, leicht saugenden Untergründen wie mineralischen Putzen, Gipskarton- und Gipsplatten, Ziegelsteinen und Beton möglich. Leicht sandende sowie unterschiedlich saugende Untergründe wie Gipskarton müssen mit Kaseingrundierung vorbehandelt werden. Kalkputze sind leicht zu verarbeiten und gut strukturierbar. Der haftverbesserte Kalkfeinputz ist deckend, so dass sich ein Folgeanstrich erübrigt. Er ist auch ein idealer Haftgrund für Wandlasurtechniken und ein guter Haftputz für Tadelakt. Problemlos mit Sumpfkalkfarbe überstreichbar und abtönbar mit kalkechten Erd- und Mineralpigmenten. Nicht geeignet sind: Cassler Braun und Rebschwarz.

den und organische Zuschläge auf Zellulosebasis. Zellulose nimmt Wasser auf und kann dieses zurückhalten, so dass die plastische Phase und die Carbonatisierungszeit verlängert werden. Solche Putze sind gut zu verarbeiten.

Kalkstreichputze, wie sie etwa Haga führt, sind ebenfalls rein mineralischen Ursprungs auf Sumpfkalkbasis. Mit den Streichputzen können auch kleine Unebenheiten der Wand ausgeglichen werden.

Kalklasuren

Kalklasuren (Haga, Auro, Aglaia, Kreidezeit usw.) sind milchig-transparente Anstriche auf Sumpfkalkbasis. In Kombination mit Abtönfarben können ausdrucksstarke Wandoberflächen aus verschiedenen Farbtönen, Schattierungen und Strukturen geschaffen werden. Kalklasuren gewährleisten wie andere Kalkanstriche ein gutes Raumklima. Für Lasurtechniken muss der Untergrund weiß sowie gleichmäßig schwach saugend sein. Ist er ungleichmäßig oder stark saugend, muss zuerst ein Kalkfeinputz als mineralischer Haftgrund auftragen werden. Wenn Sie Kalksinterwasser erhalten (man muss noch danach fragen), können sogar klare Lasuren mit reinen Erd- und Mineralfarben verwendet werden, die eine schönere Leuchtkraft aufweisen, wie wir sie aus der Freskomalerei kennen.

Kalkglätte und Glättetechnik

Eine ähnliche Zusammensetzung wie die Kalkfeinputze und Haftputze haben die Kalkglätten. Hier sind allerdings die mineralischen Anteile wie Marmormehl, Kalkhydrat und Porzellanerde feiner, so dass sich – wie der Name andeutet – glatte Wände gestalten lassen. Für die Untergründe gilt bei den Glättetechniken das gleiche Vorgehen wie bei Kalkputzen. Diese sind auf natürliche Art fungizid und eignen sich daher besonders gut für Badezimmer.

Mit Kalkglätte lassen sich glatte, weiße Wände gestalten, wie das sonst nur von Gipsspachtelputzen bekannt ist. Die Firma Haga bietet neuerdings eine Kalkglätte an, die bis auf null auszuspachteln ist. Achten Sie auf die angegebenen Korngrößen, wahrscheinlich wird es hier in nächster Zeit weitere neue Produkte geben. Pigmente können zum Abtönen mit etwas Wasser angeschlämmt und dem fertig angesetzten Putz beigegeben werden.

So hat etwa Aglaia ein anwendungssicheres System auf der Basis von Grund- und Pigmentspachteln entwickelt. Nach der Vorbehandlung der Wand mit Naturharzhaftgrund wird der Grundspachtel in mehreren Lagen mit einem Traufel bis zur Glätte ausgespachtelt. Dabei werden immer nur dünnste Schichten aufgebracht, denn die naturharzgebundenen Spachtelmassen benötigen zum Durchtrocknen Sauerstoff. Vor der farbigen Behandlung mit Pigmentspachtel muss die Grundspachtelung absolut plan sein. Der farbige Pigmentspachtel sollte zügig innerhalb eines Tages verarbeitet und poliert werden. Die Spachtelung sollte druckvoll und dünnschichtig sein, so dass nur minimal Spachtelgrate stehen bleiben. Nach jeweils ein bis zwei Stunden erfolgen weitere Spachtelgänge bis zur vollflächigen Überdeckung. Insgesamt sind drei bis fünf Lagen üblich. Zum Schluss wird in zwei Etappen mit dem Spachtel poliert – zunächst nur schonend. Später kann der Druck erhöht und das Material auf Glanz verdichtet werden. Am Ende steht eine harmonische Verbindung der feinen Marmorkalke mit den Naturfarben von bestechender Schönheit. Ähnliche Glätteputze bieten auch andere Naturfarbenhersteller an, in der Schweiz Haga in Rupperswil.

Hersteller von Kalkputzen, Kalklasuren und Kalkglätte: Aglaia, Livos, Kreidezeit-Kaseinglanzspachtel, Thymos, Haga

Stuccolustro

Stuccolustro, wörtlich: blanker Stuck, war schon in der römischen Antike bekannt. Es handelte sich um einen aus mehreren Putzlagen bestehenden Freskoaufbau mit Freskomalerei, der mit Olivenseife behandelt und anschließend mit heißer Kelle geglättet wurde. Die Faszination für diese handwerklich anspruchsvolle Technik geht weniger von der Marmorimitation aus, sondern von der Ästhetik glanzpolierter, verdichteter Oberflächen.

Naturfarbenhersteller bieten heute Zweikomponentensysteme an, die sich geschmeidig verarbeiten und leicht abtönen lassen. In der Regel handelt es sich um Sumpfkalk, der mit feinsten Marmormehlen abgemagert wird, und einen organischen Zelluloseanteil. Wegen der unterschiedlichen Zusammensetzungen sollte man sich an die Arbeitsanleitungen und weiteren Instruktionen der Hersteller halten.

Im günstigsten Fall wird Stuccolustro freskal verarbeitet, das heißt frisch in den noch nicht abgebundenen Kalkunterputz. Bei richtigem Gesamtaufbau erhält man so die haltbarsten, strapazierfähigsten und wasserresistentesten Oberflächen. Der Untergrund soll eben sein, anderenfalls müssten zu dicke Schichten zum Niveauaus-

Marmorweiß (01)

Umbra (02)

Anthrazit (03)

Maigrün (04)

Minzgrün (05)

Zitronengelb (06)

Goldocker (07)

Terra rossa (08)

Venetianischrot (09)

Rosé (10)

Flieder (11)

Pastellblau (12)

Ultrablau (13)

Azurblau (14)

Kalkglättetechnik und Farbtafeln.

gleich aufgebaut werden. Stuccolustro lebt aber von den hauchdünnen Schichten, die gewissermaßen die Transparenz des Marmorgesteins wiedergeben. Ein gelungener Stuccolustro mit Tiefenwirkung und Glätte wird meist nach vier bis fünf Schichten erzielt.

Schöne Oberflächengestaltungen strahlen einen besonderen Charme aus, bringen Harmonie ins Haus und sorgen für gute Stimmung. Doch wer sich beispielsweise für Stuccolustro oder Tadelakt entscheidet, sollte auch wissen, auf was er sich einlässt. Stuccolustroarbeiten erfordern handwerkliches Geschick und Grundkenntnisse des Materials, die allein mit guter Arbeitsanleitung der Hersteller oder aus einem Buch oft nicht zu erreichen sind. Wir empfehlen daher den Besuch eines Seminars oder eine praktische Instruktion durch einen Fachmann.

Tadelakt

Tadelakt ist eine marokkanische Putztechnik. Ein spezieller Kalkmörtel wird als Putz aufgetragen, mit einem Polierstein verdichtet und so auf Glanz gebracht. Diese Verputze werden nicht nur auf Innen- und Außenwänden verwendet, sondern auch für Fußböden, Badezimmer, Duschen, Tischplatten und Dächer.

Die Wiege des Tadelakt, dieser nordafrikanischen Variante der Glanzputze, steht in Marokko. In der Region Marrakesch gibt es große natürliche Kalkvorkommen. Aufgrund der geologischen Entstehung und seiner Zusammensetzung hat die Natur den Marokkanern ein fertiges Produkt geliefert, das nur durch Brennen und anschließendes Löschen einen verarbeitungsfähigen Kalkputz von großer Dichtigkeit ergibt. Mit kalkechten Pigmenten abgetönt und mit schwarzer Seife hydrophobiert, lassen sich mit diesem Kalk faszinierende Oberflächen herstellen.

Farbe, Form und Härte der Kalkbrocken in der Region um Marrakesch lassen an eine Spielart der Mergelkalke denken. Die nicht verkennbare Gelbfärbung der ungebrannten Brocken lässt ziemlich sicher auf Eisen-

Farbig gestaltete und polierte Stuccolustrowand (Foto: Oliver Maybohm, Hamburg).

Tipps aus der Praxis
Zur Verarbeitung eignet sich am besten die venezianische Kelle mit abgerundeten Ecken. Diese ist meist aus Edelstahl, was einen typischen Abrieb verursacht, der allerdings in den Marmoreffekt einbezogen werden kann. Sauberer arbeitet man nur mit Federstahlkellen. Diese haben jedoch spitze Ecken, was mehr Geschick erfordert, um keine Riefen in den Putz zu ziehen.
Die Stuccolustromasse kann mit Erdfarben abgetönt werden. Die Pigmente müssen unbedingt kalkecht sein, ein Gewichtsanteil von 5 Prozent ist in der Regel unproblematisch. Auch können leichte Ader- oder Fleckmalereien zwischen die einzelnen Stuccolustroschichten gebracht werden.
Der Aufbau und das Tempo einer Stuccolustroarbeit sind variabel. Grundsätzlich versucht man, die einzelne Schicht so weit anziehen zu lassen, dass sie die nötige Härte hat, um eine weitere Schicht ohne Beschädigung der vorangegangenen Schicht zuzulassen. Es soll also ein wirklicher Aufbau mehrerer Schichten übereinander erfolgen. Dabei soll die einzelne Schicht jedoch nicht abgebunden haben. Ihre chemische Reaktionsfähigkeit ist in der Regel über 24 Stunden vorhanden. Im Idealfall karbonatisieren sämtliche Schichten zusammen mit dem Unterputz zu einer »Steinplatte«. In diesem Fall ist ein echter Kunstmarmor entstanden, der sich von Natursteinplatten nur wenig unterscheidet.
Der Gesamtaufbau sollte nie völlig austrocknen. Die Weiterarbeit würde durch eine erhöhte Saugfähigkeit erschwert. Wird nämlich aus der extrem dünnen Schicht alles Wasser vom Untergrund abgezogen, kann der neue Auftrag zum Krümeln neigen. Krümel verursachen beim Glätten die allergrößten Schwierigkeiten. Aus dem gleichen Grund muss sehr sauber gearbeitet werden. Sowohl der Eimerrand als auch die Kelle werden immer wieder von anhaftenden Versteinerungen befreit! Gutes Gelingen wird durch penibles Arbeiten in feuchten Räumen begünstigt!
Als Finish bieten sich unterschiedliche Möglichkeiten an. Der bis hierher aufgebaute Stuccolustro ist noch vollständig dampfoffen, er nimmt Feuchtigkeit ungehindert auf und trocknet schnell wieder. Ein Umstand, den man sich, angesichts der Glätte, manchmal kaum vorstellen kann. Erst durch Seifen und Wachse wird die Oberfläche widerstandsfähiger. Seifen reagieren besonders mit dem frischen Putz unter Kalkseifenbildung. Traditionell wurde mit Olivenölseife, heute als Marseiller Seife im Handel, gearbeitet. Der Auftrag erfolgt wie bei den einzelnen Putzschichten mit der Kelle. Zur Verbesserung der Kalkseifenbildung kann eine heiße Kelle eingesetzt werden. Die Beständigkeit gegen Spritzwasser kann durch Wachsen erhöht werden. Die Hydrophobierung hemmt jedoch zugleich auch den Dampfdurchgang. Wachse sind an sich wasserabstoßend, allerdings müssen sie gut poliert werden. Hierbei entsteht auch der höchstmögliche Glanz. In einer guten Stuccolustrowand kann man sich spiegeln. Ein spezielles Punisches Wachs, das mit der Kelle aufgebügelt wird, bietet zum Beispiel die Firma Kreidezeit. Es handelt sich um mit Pottasche verseiftes Bienenwachs, das mit der Kelle aufgetragen und poliert wird. Dünnflüssige Wachsemulsionen können mit dem Ballen als Finish aufpoliert werden.
Wir empfehlen das zweikomponentige Stuccolustrosystem von Kreidezeit, mit dazugehöriger Glätteseife und Punischem Wachs. Meiden Sie Stuccolustromassen mit Acrylatanteilen, im Einzelfall auf Volldeklaration achten! Höhere Kunststoffanteile verändern auch die Optik, und eine Kunstharzspachtelung reicht nie an eine echte Stuccolustroarbeit heran.

Historische Schachtöfen in Rüdersdorf bei Berlin. Die frühe industrielle Kalkbrennerei war sehr arbeitsaufwendig (Foto: Martin Krampfer, Hamburg).

oxide schließen, Tonbestandteile sind als Staub wahrnehmbar und aufgrund weitverbreiteter Lehmvorkommen anzunehmen. Durch solche Hydraulefaktoren erreicht der richtig verarbeitete Tadelakt eine besondere Wasserfestigkeit. In Verbindung mit Seifen und Wachsen wird auch hier eine weitgehende Wasserdichtigkeit erreicht. Dieser Umstand spiegelt sich in der weiten Verbreitung in Hammams, den arabischen Dampfbädern.

In der Region Marrakesch kann auch heute noch das archaische Kalkbrennen beobachtet werden. Die faust- bis fußballgroßen Kalkbrocken werden von Hand zu etwa sechs Meter hohen Meilern aufgeschichtet. Zu zwei Drittel befinden sich diese Öfen in einer runden Grube von fünf Metern Durchmesser, die an einer Seite über eine steil abfallende Rampe zugänglich ist. Nach dem Anbrand wird dieser Eingang verschlossen. Befeuert werden die Öfen zunächst mit Eukalyptusstrauchwerk, ansonsten mit verschiedenen Brennstoffen. Die Führung des Feuers kann nur über den Bodenverschluss erfolgen und ist sicher Erfahrungssache. Solch ein Ofen ist ein Generationenbauwerk, mit etwas Glück kann er über 30 oder 40 Jahre befeuert werden. Ein zweitägiger Brand liefert etwa zehn Tonnen Branntkalk.

Tadelakt wird traditionell in Marokko mit einer Kelle aufgetragen und, nachdem er angezogen ist, mit kleinformatigen Holzreibebrettern verrieben und somit auch schon leicht verdichtet. Anschließend wird er mit dem Kunststoffspachtel geglättet und mit dem Stein in kreisenden Bewegungen poliert und verdichtet. Tadelakt muss so weit angezogen sein, dass er sich polieren lässt. Dieser Zeitpunkt hängt vom Saugverhalten und der Restfeuchte des Untergrunds sowie dem Wetter ab.

Wir haben in Marokko die unterschiedlichsten Bauteile in Tadelakttechnik entdeckt. Vorwiegend Innenwände, aber auch Dächer und Kuppeln im Außenbereich, Säulen und Portale, Gesimse, Tür- und Fensterlaibungen, Geländer, ganze Bäder inklusive Wannen und diverse Schmuckelemente. Für die mitteleuropäische Anwendung bieten sich Bäder, Küchen, Flure und öffentliche Räume an. Ein oft angestrebter Bereich ist der Fliesenspiegel, bei dem für Küchen noch im Zusammenhang mit Dampf und Fettbelastung zu experimentieren bleibt. Eine mittlerweile drei Jahre alte Wand hinter einem viel genutzten Küchenherd, die lediglich mit Safloröl behandelt wurde, bietet hier ein sehr vielversprechendes Resultat.

Nachdem es einige Versuche gab, das Originalmaterial nach Europa zu holen, gab es immer wieder Probleme mit Rissbildungen und teilweise bereits abgebundenem Material, was zu großen Haftungsproblemen führte. Die Firma Kreidezeit begann vor fünf Jahren einen dem Original nachempfundenen Mörtel zu entwickeln, der die Vorteile des hochhydraulischen marokkanischen Kalks aufweist, aber die Probleme ausschaltet.

Kalk – ein Baumeister der Natur

Kalk ist ein Grundelement des Lebens und ein Baumeister der Natur. Kalk ist essenziell für unser Knochengerüst, er bildet ganze Gebirge, und er ist ein wichtiger Bestandteil zahlloser Werkstoffe. Vom einfachen Mauermörtel bis zur historischen Scraffitotechnik oder berühmten Freskomalereien ist Kalk die Grundlage. Auch aus modernen Werkstoffen ist er nicht wegzudenken, ob Kalksandsteine oder Spannbetondecken, er ist immer dabei. Die Medizin beschäftigt sich mit Kalk, die Geologie, die Chemie und die Biologie.

Wie nur wenige andere Stoffe lädt uns Kalk zur Partnerschaft ein. Wir können uns dieses elementare Naturgut zunutze machen, ohne die Natur zu zerstören. Kalk bewegt sich in vielen natürlichen Kreisläufen. Tropfsteinhöhlen und Dolinen sind ebenso sein Werk wie Sinterterrassen oder diverse Formationen aus Tuffstein. Besonders gut versteht sich unser Haushuhn auf die Nutzung des Kalkes für die Eierschalen – kein weich gekochtes Frühstücksei stünde je auf unserem Tisch ohne diese Kunst. Darüber hinaus ist die dünne Kalkschale eine der besten Verpackungen, stabil und kreislauffähig. Auch jede Muschel oder Schnecke hat dem Kalk ihr Gehäuse zu verdanken. Somit wurde er Bildner der Kalkalpen, der berühmten Kreidefelsen von Rügen und weiter Teile des Schweizer Juras. Kalk löst sich in Wasser und er scheidet sich wieder ab. Organismen entnehmen ihn dem Wasser zur Verwertung im eigenen Körperbau. Als mineralisches Fällungsprodukt gehorcht er unterschiedlichen Umweltbedingungen.

Vor allem die Temperatur und der Kohlensäuregehalt bestimmen, wie viel Kalk in Lösung geht. Außerdem findet in der Natur eine ständige Durchmischung der Elemente statt. So entstehen die unterschiedlichsten Gesteine, vom weichen, amorph sedimentierten Tuff über magnesiumhaltigen Dolomit bis zum harten Muschelkalk. Auch Marmor ist eine Spielart des Calciumcarbonats. Er wurde unter hohem Druck in erdgeschichtlichen Zeiträumen zu einem metamorphen Gestein umgewandelt. Die kristalline Struktur ermöglicht bei manchen Marmorarten, dass Licht bis zu 30 Zentimeter hindurchscheint. Winzige Beimengungen natürlicher Metallverbindungen verursachen das den Marmor kennzeichnende Farbenspiel. Eisenoxide färben rot, Eisensulfid hingegen bläulich schwarz. Mangan und Eisenhydroxid sorgen für gelbe und braune Tönungen, Eisensilikate färben grün.

Gekalktes Haus auf Stromboli.

Oberflächengestaltung mit Feinputzen

Mit Feinputzen lassen sich die unterschiedlichsten Effekte erzielen. Sie sind im Innenbereich vielfältig einsetzbar, verbessern – abhängig von Putzdicke und Zusammensetzung – das Raumklima, dienen dem Schallschutz, lassen sich überstreichen oder pigmentieren, schaffen an Wand und Decke schöne strukturierte Oberflächen und bieten viele kreative Möglichkeiten zur Wandgestaltung. Einige Putze werden sogar in unterschiedlichen Körnungen angeboten, so dass auch hier Variationsmöglichkeiten bestehen. Die Feinputze der Naturfarbenhersteller bestehen aus natürlichen Rohstoffen, sind problemlos kompostierbar oder können im getrockneten Zustand in den Hausmüll gegeben werden.

Die Feinputze, die sich von Farben vor allem durch die höheren Anteile von mineralischen Bestandteilen und natürlichen Faserstoffen auf Zellulosebasis unterscheiden, werden in vielen Variationen angeboten. Es lohnt sich daher, die Angebote der Hersteller zu Verputzart und Arbeitstechnik genau zu studieren, um den richtigen Feinputz zu finden.

Feinputze sind nicht dazu geeignet, gröbere Unebenheiten der Wand auszugleichen oder gar fehlende Stellen im alten Verputz zu ergänzen. Ist die Wand nicht reif für eine dekorative Oberflächengestaltung, muss zunächst ein neuer Unterputz aufgebaut werden. Voraussetzung ist ein tragfähiger Untergrund – genau wie für Farbanstriche. Dekorative Putze werden in der Regel in Schichtstärken von wenigen Millimetern aufgetragen. Eine scharfe Trennung zum Anstrich ist häufig nicht möglich.

Es geht selbstverständlich beim Verputzen nicht nur um die ästhetisch-gestalterischen Aspekte, sondern um eine Reihe unterschiedlicher Anforderungen, die es genau abzuwägen gilt:
– Der Putz soll das Raumklima verbessern, was von der Beschaffenheit der Zuschlagstoffe und der Putzstärke abhängig ist. Unter Umständen ist ein Lehm- oder Kalkputz mit größeren Putzstärken besser geeignet.
– Der Putz soll mit Glätter (Traufel) gespachtelt, mit Bürste (Quast), Lammfellrolle aufgetragen oder gar mit Putzspritzgeräten aufgebracht werden – wichtig für das Oberflächenbild.
– Streich- und Rollputze sind ein idealer Untergrund für Wandlasuren und können feine Strukturunterschiede ausgleichen.
– Es gibt Faserputze, die durch Füllvermögen, Struktur und Faserverstärkung besonders zur Renovierung und Gestaltung von Altbauwänden und Leichtbauelementen geeignet sind, andere wiederum lassen sich aufgrund ihrer Anteile von Kolophonium, Dammar und Kasein auch in Nassräumen einsetzen.
– Andere Putze schließlich, wie etwa Hagatherm, dienen der Wärmedämmung. Sie werden dick aufgetragen, sind mineralisch gebunden und dampfdurchlässig.

Die meisten Feinputze sind einfach zu verarbeiten, ob sie nun anwendungsfertig oder in Pulverform angeboten werden. Sie lassen sich problemlos abtönen.

Auftragsarten

Ein *Streichputz* kann aus vielen streichfähigen Mörteln hergestellt werden. Im Grunde handelt es sich um einen Anstrich mit gröberen Zuschlagstoffen. Der Streichputz unterscheidet sich vom Anstrich durch seine Zähigkeit. Er bildet deshalb beim Verstreichen mit der Bürste dickere Schichten, in denen die Werkzeugspur erkennbar stehen bleibt. Dass hier die Werkzeugwahl von entscheidender Bedeutung ist, liegt auf der Hand. Üblich ist der Einsatz breiter Deckenbürsten (Quast), die ein ruhiges Strichbild ergeben. Ein Streichputzgrund wird als Vorlage für Lasurtechniken gewählt, da im Strich anhaftende, in den Vertiefungen festgesetzte Pigmente das Putzbild ergänzen.

Der *Rollputz* kann als Werkstoff von ähnlicher oder auch gleicher Beschaffenheit sein. Je nach Verlauffähigkeit wird sich in der Beschichtung ein weicheres oder härteres Bild ergeben. Wie der Name sagt, werden Roll-

Werkspuren und Werkzeuge als Gestaltungsmittel.

putze mit der Farbwalze aufgebracht. Auch Größe und Florigkeit der Walze bestimmen das Bild. Am leichtesten arbeitet es sich mit einer alten, kleinen, kurzflorigen Rolle. Sie trägt wenig Material und ergibt ein feines Bild von eher geringer Schichtstärke. Um homogene Rollbilder zu erzeugen, muss der einzelne Abschnitt häufig überarbeitet werden, weil beim Ansetzen der Rolle viel Material auf die Fläche kommt. Da es zäh ist, bleibt ein großer Teil auf der Stelle kleben, und die Rolle leert sich weitgehend schon während der ersten Bahn.

Spachtelputz nennen wir Mörtelmassen, die so trocken sind, dass sie überhaupt nicht mehr verlaufen. Der Mörtel muss an einer Wand auch bei 3 bis 5 Millimetern Auftragsstärke an der Stelle stehen bleiben, an der er aufgetragen (gegebenenfalls auch nur angeworfen) wird. In diese plastische Masse kann man natürlich jedes Muster hineinarbeiten. Der Auftrag erfolgt zunächst mit Kellen, Traufeln oder Ziehbrettern. Der Mörtel muss einfach nur an die Wand – er klebt dann schon! Danach beginnt die eigentliche Arbeit der Oberflächengestaltung. Hier bietet sich das gemeinschaftliche Tun mit mehreren Personen geradezu an. Einen Spachtelputz kann man sowohl glätten als auch bemustern. Es gibt eine Reihe von Musterwalzen, die man über die Fläche abrollen kann. Der so genannte Kellenschlag kann durch Zahnspachtel oder Phantasiekratzer ergänzt werden.

Auch sollen die *Kratzputze* erwähnt sein, eine Variante, bei der im halbfesten Zustand grobe Zuschlagstoffe herausgekratzt werden. Je nach Korngröße ergeben sich unterschiedliche, immer rauhe Oberflächen. Das Kratzen erfolgt durch Abreiben mit gröberen Holz- oder Kunststoffbrettern. Ein technischer Vorteil ist die sichere Vermeidung von Sinterhäuten beziehungsweise allzu harten Oberflächen. Die glasharten Sinterschichten sind überaus ungünstig für spätere Anstriche. Außerdem neigen sie leicht zu Rissbildung. Ein oberflächlich lose anhaftendes Zuschlaggut kann leicht abgefegt werden.

Kalk-Hanffaserputz an Boden und Wänden (Foto: Kreidezeit Naturfarben GmbH).

Als *Faserputze* bezeichnen wir alle Putze, die neben mineralischen Inhaltsstoffen organisches Fasermaterial enthalten. Als Zusatzstoff können sie auch schichtbildend sein. Dickschichtige Faserputze von 2 bis 5 Millimetern mit hohem Zellulose- oder Baumwollanteil sind im Ergebnis weich und warm. *Baumwoll-* oder *Zelluloseputze* als Dämm- und Dekoputz werden glatt aufgezogen.

Tipp aus der Praxis

Ist Zelluloseleim das Bindemittel, sind die Produkte wasserlöslich. Der wieder angefeuchtete Putz kann leicht abgetragen werden. Kaseingebundene Putze sind wesentlich härter und nur schwer wieder zu entfernen. Silikatspachtelmassen sind nicht wieder vom Untergrund trennbar. Systeme wie der Marmorfaserputz von Kreidezeit mit einem kleinen Faseranteil sind gut in ihrer Oberfläche zu gestalten. Hier dient die Faser nur zur Stabilisierung und zum Wasserrückhalten, tritt aber hinter den mineralischen Anteil zurück.

Sie können mit sehr unterschiedlichen Bindemitteln gebunden sein, so dass sich sehr unterschiedliche Eigenschaften ergeben. Die Spanne reicht von reversibel bis außerordentlich dauerhaft und von dampfoffen bis dampfdicht. Die starke Vernetzung erlaubt kein Strukturieren der Fläche, schon Ausbesserungen sind schwierig, wenn sie nicht sofort während der Arbeit stattfinden. Außerdem muss in der Regel der Untergrund mit Isoliergründen gestrichen werden, da der Putz in seiner relativ langen Feuchtzeit alle störenden Inhaltstoffe aus dem Putz zieht.

Schellack, Schellack-Isoliergrund, Schellackpolituren, Schellackseife

Schellack ist den Indern und Chinesen als ein Naturrohstoff seit mehr als 4000 Jahren bekannt. Schellack wird aus den harzigen Ausschwitzungen der Lackschildlaus, *Cocus lacca*, gewonnen, die in Südasien bestimmte Bäume und Sträucher befällt, ihre Äste ansaugt und von deren Säften lebt. Die von den unzähligen Schildläusen ausgeschiedenen Harzmassen umschließen die befallenen Triebe und Äste und bilden um sie herum eine borkenartige, rauhe und dicke Harzschicht. Zur Schellackgewinnung werden die mit der Harzschicht umhüllten Zweige abgeschnitten und das Harz gereinigt.

Der Name Schellack ist eine Zusammensetzung aus dem Englischen mit dem Sanskrit. Das englische *shell* bedeutet Schale, Hülse, Kruste, *laksha* aus dem Sanskrit bedeutet Hunderttausend, was auf die große Zahl der Schildläuse für die Lackherstellung hinweist. Schellack ist ausschließlich in hochprozentigem Alkohol löslich. Der nachwachsende natürliche Rohstoff in Verbindung mit diesem verträglichen Lösungsmittel ergibt eine ökologisch hochwertige Naturfarbe. Der gleiche Schellack ist übrigens Rohstoff für Schallplatten und Siegellacke gewesen.

Möbelrestauration mit Schellack.

Ein reiner Schellackanstrich bildet nach dem Trocknen eine spröde Schicht. Die diversen Rezepturen für Spirituslacke benutzen natürliche Öle oder Weichharze als Weichmacher. So entsteht der berühmte *Dammarfirnis* aus gebleichtem Schellack mit einem Zusatz von in Terpentinöl gelöstem Dammarharz. Auch Kolophonium oder ätherische Öle sind je nach Einsatzgebiet zu finden. Für den gesamten Spielzeug- und Modellbaubereich werden solche Schellacke unter Hinzunahme von Pigmenten hergestellt. Schellackpolituren werden gern von Möbelrestauratoren verwendet. Kreidezeit bietet eine *Schellackseife* als transparentes, wasserfestes Bindemittel in der dekorativen Wandgestaltung an, zum Beispiel für Glanz- und Wickeltechnik, Fixierung von Wandlasuren.

Bedeutung hat Schellack auch heute noch als Isoliergrund. Er dient zur Absperrung von durchschlagenden Wasser-, Rost-, Ruß- oder Nikotinflecken auf allen saugfähigen Wand- und Deckenflächen wie Putz, Tapete, Holz und Holzwerkstoffen.

Am Rückgang der indischen Exportzahlen von Schellack lassen sich kulturgeschichtliche Entwicklungen aufzeigen. Mit Schellack behandelte Möbel und Musikinstrumente, deren Schönheit noch heute bewundert werden kann, waren mit dem Aufkommen der Syntheseharze vergessen. 1958 exportierte Indien noch 60 000 000 Kilogramm Schellack, heute sind keine offiziellen Exportzahlen bekannt. Schellack begnügt sich damit, Menschen eine Freude zu bereiten, die die Liebe zum Detail pflegen.

Bunte Erden als Bodenschatz

Eines der ältesten und am häufigsten verwendeten Farbmittel zum Malen sind sicher die bunten Erden. Begibt man sich erst einmal auf die Suche, so entdeckt man schnell leuchtende, farblich reine, oft bunt nebeneinander liegende Erdfarben. Überall auf der Welt locken besonders prächtige Fundorte Liebhaber an. Ob bei den bunten Erden von Roussillon, den farbigen Erden der Vulkaninsel Lipari, den Colored Earth im Death Valley oder in den Terres de Couleurs von Chamarel auf Mauritius, überall kommt der Maler, der Farbenhersteller, aber auch der Naturfreund ins Schwärmen.

Heute weiß jeder Farbenfabrikant, dass bunte Erden zu den beständigsten Pigmenten verarbeitet werden können. Sie sind lichtecht, meist säure- und alkalibeständig und damit praktisch in allen Anstrichsystemen einsetzbar. Dass ein Erdpigment der Verwitterung gut widersteht, kann sich vorstellen, wer bedenkt, dass sie das Produkt jahrtausendewährender Verwitterung sind. Meist handelt es sich um Tonmineralien, an die die unterschiedlichsten Metalloxide, Hydroxide oder Silikate gebunden sind. Eisen, Mangan und Kupfer sind dabei die häufigsten, da sie auch in der Erdrinde repräsentativ vertreten sind.

Schon in der Frühzeit unserer Geschichte begannen die ersten Menschen ihre Behausungen zu dekorieren. Berühmt sind die Höhlen von Lascaux oder Altamira, weil sie besonders schöne und zahlreiche gut erhaltene Felsenmalereien beherbergen. Im einfachsten Fall kann mit weichen Steinen oder harten Erden direkt wie bei einer Kreide- oder Rötelzeichnung gemalt werden. Etwas komplizierter ist das Vermahlen des Ausgangsmaterials und das Anmischen mit Bindemitteln.

Pigmentierte Lehmkugeln …
(Foto: Martin Krampfer, Hamburg).

Die moderne Farbmühle bedient sich heute des Baggers, um Bunterde aus dem Gelände zu brechen. Über grobe Siebe werden bereits Steine oder Pflanzenteile aussortiert. In der Regel werden die Erden dann gemahlen, meist auf Kollergängen, die man sich wie tonnenschwere altmodische Mühlen vorstellen muss. Senkrecht stehende große Räder fahren in einer runden Bahn wie in einer Wanne über das zu zerdrückende Material. Die bunten Erden werden oft zuvor noch gebrannt, um ihren Farbton zu intensivieren oder zu verändern. Wer sich mit der Töpferei etwas beschäftigt hat, kennt das Phänomen, dass die gebrannte Ware einen anderen Farbton hat als die Rohlinge.

Die Weiterverarbeitung des Materials geschieht durch Schlämmen oder durch Windsichten. Immer geht es darum, zu grobes Material auszusortieren. Die sortierten, feinen Bunterden kann man nun als Pigmente bezeichnen. Ihre Korngröße liegt meist um die zehn Mikrometer, Krümelchen also, die man mit bloßem Auge nicht mehr wahrnehmen kann. Nur so können sie in ihrer Dispersion wie farbige Flüssigkeiten aussehen. Wer jedoch eine Pigmentdispersion nach dem Aufschütteln einmal längere Zeit ruhen lässt, wird sehen, wie sich der Farbschlamm am Boden absetzt, während sich die Flüssigkeit klärt.

Schauen wir uns noch einige Beispiele an. Die Terri di Siena sind besonders berühmt gewordene Erdfarben, vielleicht weil sie von italienischen Meistern oft und gern benutzt wurden. Die alten Meister nutzten, was sie in ihrer Umgebung fanden. Das hinderte sie natürlich nicht daran, sich aus der ganzen Welt Besonderheiten schicken zu lassen. Auch die französischen Ocker erfreuen sich bis heute großer Beliebtheit. Es gibt viele verschiedene Fundorte, und durch die Technik des Brennens und Mischens sind die Farbmühlen in der Lage, eine lange Reihe unterschiedlicher Sorten zu liefern. Manche Lagerstätten sind inzwischen erschöpft, wie beispielsweise die der böhmischen Grünerden.

… farbiger Sand und Erdfarben.

Verschiedene Gesteinsmehle aus der Farbmühle Kremer.

Dr. Georg Kremer und das Wunder von Einsiedeln

Farben lassen sich aus unterschiedlichsten Materialien herstellen: Wurzeln, Rinden, Blättern, Blüten und natürlich Mineralien. Durch die Chemieindustrie und die Farbsynthese sind viele der alten Rezepte in Vergessenheit geraten. Dieser scheinbar unwiderrufliche Verlust hat den Chemiker Dr. Georg Kremer nicht ruhen lassen. Seit mehr als 25 Jahren rekonstruiert er nach alten Vorbildern und in langen Versuchsreihen Farben, die so der Nachwelt erhalten bleiben. Schon die Namen klingen geheimnisvoll und spiegeln den Charme ihrer Leuchtkraft: Vivianit, Realgar, Malachit, Smalte, Zinnober Monte Amiate, Spanischer Goldocker und kostbares reines Lapislazuli, auch Fra-Angelico-Blau genannt.

Eine alte Mühle mit mehreren Wirtschaftsgebäuden beherbergt seine Firma Kremer Pigmente. 1984 zog Kremer nach Aichstetten im Allgäu, um seine Farben in den Gebäuden der alten Mühle stilecht zu produzieren. Der Erfolg blieb nicht aus. Kremer hat eigene Geschäfte in Stuttgart, München und New York, Verkaufsstellen in zwölf deutschen und Schweizer Städten sowie in Paris und in London. Sein Sortiment setzt sich aus zahlreichen mineralischen, organischen und Erdfarben sowie mehr als 60 historischen Farben zusammen. Und Jahr für Jahr kommen einige hinzu. Neben Künstlern und Malern gehören auch viele Restauratoren zu seinem Kundenstamm.

So war Georg Kremer auch zur Stelle, als es um die Renovierung der berühmten Benediktinerabtei Maria Einsiedeln in der Schweiz ging. Getreu dem Original, mit den Gesteinsmehlen der näheren Umgebung sollte die Renovierung erfolgen. Er untersuchte den mineralischen Aufbau der Fresken in der Klosterkirche, analysierte und stellte in seiner Farbmühle die einzelnen Komponenten zusammen: Schwarzer Schiefer aus Hagerbach, Hochwiese, Melaphyr, das grüne Traminsergestein, das braune Hämatit aus dem Stollen Gonzen, das feine Violett aus Melser Schiefer und andere. Die Harmonie der Natur vereint Lokalkolorit mit den Farben der engeren Heimat. Farben der Natur schaffen Geborgenheit – ein Gefühl, das heute vielen Menschen verloren gegangen ist. Die Arbeit des Chemikers Dr. Georg Kremer aus dem Allgäu

Historische Farbmühle.

bringt daher gerade die feinen Saiten sinnlichen Erlebens wieder zum Klingen.

Le Corbusiers Visionen neu belebt

1931 entwickelte der Schweizer Architekt Le Corbusier für die Basler Tapetenfirma Salubra seine »Polychromie architecturale«, eine umfangreiche Farbpalette, deren Töne untereinander harmonisch kombiniert werden konnten. 1959 reduzierte er die Palette auf 20 Farben und schuf damit ein praktisches Werkzeug für Architekten, eine Selektion aus dem Farbangebot, das immer unüberschaubarer wurde.

Heute lässt sich jeder erdenkliche Farbton mischen. Farben haben sich in die Anonymität des Unpersönlichen zurückgezogen. Nicht zuletzt wegen dieses Überangebots wird Le Corbusiers Polychromie wieder attraktiv. Seit etwa fünf Jahren stellt Dr. Katrin Trautwein die Farbtöne der Polychromie Le Corbusiers und weitere nicht mehr verfügbare Farben aus traditionsreichen Pigmenten wieder her – als Raum- und Fassadenfarben und in kleineren Mengen als Künstlerfarben. Wer die amerikanische Chemikerin in ihrer Firma kt. Color in Uster, Kanton Zürich, besucht, taucht in eine vergangene Welt ein: Die Regale der alten Fabrikräume sind voller Pigmente, Farben und Papierstücke mit Farbmustern. Hier wird geschäftig gerührt, dort gestapelt. Die Wandfarben, die hier hergestellt werden, sind mehr als nur Oberflächen. Von kt. Color werden aus über 100 Pigmenten 106 Farbtöne gemischt. (Zum Vergleich: Die gebräuchliche Industriefarbskala zeigt 1750 Töne, die meist von nur 14 Pigmenten stammen.)

In dieser Hexenküche wird der Zugang zu den verlorenen Farben gesucht. Es ist nicht nur die Auswahl der Töne, sondern ihre Zusammensetzung. Das ist entscheidend für die Lichtbrechung, sagt Frau Trautwein, und belegt dies, wie alles, was sie sagt, mit einem Griff in eines der Regale. Tatsächlich wirkt das Ultramarin aus synthetischen Pigmenten dumpfer als das hauseigene – *flacher*, präzisiert die Chemikerin. Wenn sie von Farben redet, gewinnen diese neue Dimensionen dazu. Sie haben Körper, Korn oder Griff, sind dicht und tief, von samtigem und kristallinem Charakter. »Früher war Farbe ein Material, heute ist es eine Beschichtung.«

Als Trautwein die Le-Corbusier-Farben das erste Mal in einem Buch des Zürcher Architekten Arthur Rüegg sah, fand sie zunächst einfach Gefallen an ihnen. Erst beim Versuch, sie nachzumischen, wurde ihr der Unterschied bewusst. Die Suche nach Pigmenten, die vor 50 Jahren noch gebräuchlich waren, erwies sich als schwierig. Viele waren nicht mehr verfügbar, andere inzwischen viel zu teuer. So der Zinnober, ein Mineral, das im Gebirge in dünnen Adern vorkommt – einer der wenigen vorindustriellen Rottöne.

> Es ist nützlich, sich in Zeit und Raum umzusehen und zu erkennen, ob der Mensch nicht in seinen Orten und Momenten des Gleichgewichtes von Farben umgeben war, die seinen bewussten und unbewussten lyrischen Sehnsüchten genügten.
>
> Le Corbusier, 1931

Das Herstellen der Farben ist in Uster immer noch Handwerk und wäre industriell auch gar nicht möglich. Die Geräte sind klein, und die Arbeitsgänge sind denen des Kochens durchaus ähnlich. Manchmal müsse man halt nach Gefühl würzen, um auf den richtigen Farbton zu kommen. Eine Produktion umfasst maximal 300 Kilogramm – eine lächerlich kleine Menge, verglichen mit den tonnenschweren Ansätzen der industriellen Konkurrenz.

kt. Color erweitert ihre Farbpalette kontinuierlich. Katrin Trautwein ist ständig auf der Suche nach neuen Rohstoffen. In Sargans im Kanton St. Gallen fand sie kürzlich einen Sand, der nun die Grundlage für ein neues Weiß bildet. Etwa die Hälfte der Produktion geht ins Ausland, auch nach Übersee. Vor einiger Zeit berichtete sogar die *New York Times* über das kleine Schweizer Unternehmen. Die Pigmentfarben werden jedoch ein Nischenprodukt für Kunden mit hohen Ansprüchen und der entsprechenden Sensibilität bleiben.

Manufaktur und Vertrieb: kt. Color AG, Aathalstrasse 80, CH-8610 Uster, Telefon 044-9945025. Das Farbensortiment von kt. Color wird in der Schweiz auch von Thymos in Lenzburg und Bern sowie in Deutschland von Kremer Pigmente in Aichstetten/Allgäu vertrieben.

Wir danken Gregor Eigensatz, Chefredakteur des in Luzern erscheinenden Farben-Fachmagazins *Coviss*, für diesen leicht gekürzten und überarbeiteten Artikel.

Ausstellungsraum in Ultramarin (kt. Color).

LC 43 · 1 Rouge vif ©FLC	LC 43 · 8 Gris moyen ©FLC	LC 43 · 14 Gris clair ©FLC
LC 43 · 2 Ivoire ©FLC	LC 43 · 9 Ombre brûlée ©FLC	LC 43 · 15 Terre de Sienne claire ©FLC
LC 43 · 4 Terre de Sienne brûlée ©FLC	LC 43 · 10 Bleu outremer ©FLC	LC 43 · 16 Terre d'ombre naturelle foncé ©FLC
LC 43 · 5 Noir ©FLC	LC 43 · 11 Ocre jaune clair ©FLC	LC 43 · 17 Orange ©FLC
LC 43 · 6 Vert olive ©FLC	LC 43 · 12 Rouge rubis ©FLC	LC 43 · 18 Bleu foncé ©FLC
LC 43 · 7 Vert vif ©FLC	LC 43 · 13 Bleu ceruleum ©FLC	LC 43 · 19 Gris foncé ©FLC

Musterblatt der Le-Corbusier-Farben.

Rostschutzanstriche

Rost ist das natürliche Verwitterungsprodukt von Eisen. Überall, wo ungeschützte Eisenteile zu finden sind, findet man auch Rost. Nach jahrzehntelangen Forschungen, die viele Millionen verschlungen haben, ist es der Industrie nicht gelungen, einen wirklich wirksamen Rostschutzanstrich zu entwickeln. Und seit der Verwendungseinschränkung giftiger Bleimennige rostet es allerorten. Dieses Faktum erhärtet sich, wenn man die neuesten Erkenntnisse des Korrosionsschutzinstituts zu Dresden genauer anschaut. Dort wurden von 1999 bis ins Jahr 2000 über ein halbes Jahr und dann noch einmal ein weiteres halbes Jahr 33 Rostschutzmittel getestet.

(Foto: Michael Meißner, Sehlem).

Die Oxidation von Eisenmetall ist ein ernst zu nehmender Wirtschaftsfaktor. Jährlich verwandeln sich Tausende Tonnen von Profilen, Trägern und Stahlkonstruktionen zu Schrott. Von Blechschäden an unseren geliebten Automobilen ganz zu schweigen. Bemerkenswert ist es, wie unzureichend der Korrosionsschutz teilweise betrieben wird. Bei den umfangreichen Tests fiel eine große Zahl der üblichen Rostschutzmittel durch. Gerade raffinierte Rostumwandler erreichen keine bessere Wirkung als Coca-Cola mit dem Phosphorsäureanteil.

Dabei gab es bereits vor über 100 Jahren, in der Blütezeit der Stahlkonstruktionen, einen hervorragenden Rostschutzanstrich. Hat die Industrie diese Rezepturen übersehen oder bewusst unbearbeitet weggelegt? Einem Naturfarbenhersteller ist es zu verdanken, dass die alten Rezepturen wieder ans Tageslicht kamen.

Am Pariser Eiffelturm lässt sich zeigen, wie man Eisen vor Korrosion schützen kann. Eine gute Ölfarbe aus fetten Pflanzenölen, nämlich das bereits zitierte Leinölstandöl, liefert die an sich schon ziemlich wetterfeste Basis. Entscheidend ist allerdings ein Pigment – das häufig vorkommende und allen bekannte Mineral Glimmer. Eisenglimmer ist eine feinschuppige, schwarz glänzende Varietät, deren Glimmerplättchen hauchdünn sind. Sie legen sich in einem Ölfilm zwangsläufig auf die Fläche und bilden damit selbsttätig einen Schuppenpanzer, wie wir ihn von Fischen und Reptilien kennen.

Unter dem Namen *Schuppenpanzerfarbe* findet man dieses Rezept auch in alten Malerhandbüchern. Das Prinzip Natur garantiert einen besseren Rostschutz als viele technische Verrenkungen von Lacktechnikern. Ob Reichsbahn, Deutsche Bundesbahn oder Schweizer SBB, die *Eisen*bahner wussten das immer. An vielen alten Eisenbahnbrücken können wir heute den leichten Glitzereffekt dieser Anstriche noch finden. Mit den Untersuchungen aus Dresden haben wir die amtliche Bestätigung: Es gibt einfache und ungiftige Rostschutzmöglichkeiten – ein schöner Erfolg für den ganzen Naturfarbensektor.

Zum Aufbau eines langlebigen Rostschutzanstrichs muss das Eisen möglichst gut von Rost gereinigt werden. Nach eigenen Erfahrungen muss es jedoch nicht metallisch blank sein. Die Schuppenpanzerfarbe wird gleichmäßig dünn aufgetragen, wie andere Ölfarben auch. Um eine wirksame Schichtdicke zu erreichen, sind zwei Anstriche nötig, da sonst durch Unachtsamkeit offene Stellen im Anstrich stehen bleiben könnten. Wer das dunkle Glitzergrau nicht leiden mag, kann es problemlos mit einer bunten Ölfarbe überstreichen. Die Sicherheit in Sachen Rostschutz wird durch diese weitere Schicht sogar noch erhöht.

Anstrichempfehlung: Rostschutzfarbe, Schuppenpanzerfarbe-Kreidezeit

Heizkörperfarben

Bei den Heizkörperlacken handelt es sich um Naturharzlacke, die durch bestimmte Zusätze hitzebeständig gemacht werden – in der Regel Aluminium-Stearat – und so für thermisch beanspruchte Flächen im Innenbereich geeignet sind. Basis der Heizkörperfarben ist Leinölstandöl. Die Versprödungstendenz ist durch die elastischen Baumharze gering. Alle Inhaltsstoffe sind natürlichen Ursprungs. Aluminium-Stearat hat sogar eine Zulassung für Kosmetik. Es kommt zu keiner elektrostatischen Aufladung.

Heizkörperlacke werden meist für deckend weiße Zwischen- und Schlussanstriche von Heizkörpern und Heizungsrohren angeboten. Sie sind pastellfarbig abtönbar. Zu beachten ist, dass die Temperaturbeständigkeit nur etwa bis 90 Grad Celsius geht, was natürlich für normale Heizungen reicht, jedoch nicht für bestimmte Heißdampfheizungen mit hohen Oberflächentemperaturen.

Heizkörperlacke werden, nachdem sie gründlich aufgerührt worden sind, gleichmäßig und dünn mit einem Ringpinsel gestrichen oder mit einer Lackwalze gerollt. Je nach Untergrund mit Balsamlackverdünner einstellen. Nach etwa 24 Stunden erfolgt die Schlusslackierung, ebenfalls dünnschichtig und gleichmäßig. Vor jedem Anstrich fein abschleifen und entstauben. Zum Spritzen mit Balsamlackverdünner einstellen und auf dünnschichtigen Auftrag achten. Läufer und Überschichten mit dem Pinsel nachverschlichten. Die Heizkörper sind nach vier Tagen thermisch voll belastbar.

Schimmelpilze

Pilze und pilzartige Organismen gehören zu den ältesten Bewohnern der Erde. Ökologisch betrachtet, erfüllen sie in der Natur wichtige Aufgaben. Sie leiten den Abbau organischer Substanzen ein, schließen wertvolle Nährstoffe auf und führen sie dem natürlichen Kreislauf wieder zu oder sind Wegbereiter für weitere Mikroorganismen, die den Abbau fortsetzen. Für solche ökologischen Kreisläufe wird sich kaum jemand begeistern können, wenn der Schimmelpilz in die eigene Wohnung einzieht.

Was sind eigentlich Pilze? Wissenschaftler zählen die formen- und artenreiche, jedoch lichtscheue Organismengruppe nicht zu den Pflanzen, sondern geben ihnen einen eigenen Status. Aufgrund der Zellstruktur, der biochemischen Beschaffenheit und der Lebensweise scheint das auch gerechtfertigt. Schon das Fehlen des Blattgrüns, des Chlorophylls, unterscheidet Pilze grundlegend von Pflanzen. Sie sind nicht wie diese in der Lage, mit Hilfe des Sonnenlichts aus den anorganischen Grundbausteinen Kohlendioxid und Wasser eigene Baustoffe zu produzieren. Sie haben also keinerlei photosynthetische Fähigkeiten und brauchen aus diesem Grund eigentlich auch keine Sonnenenergie. Dafür sind sie aber auf organische Nahrung angewiesen, die sie zum Beispiel von abgestorbenen Pflanzen, feuchten Wänden oder gar lebenden Organismen beziehen. Die Zellwände der Pilze werden hauptsächlich aus Chitin gebildet. Dieser Baustoff tritt aber niemals bei Pflanzen auf, sondern nur im Tierreich, wo er beispielsweise Insekten zum Bau ihres Skeletts oder Krebsen für den Panzer dient. Da Pilze aufgrund ihrer Ernährung und Lebensweise jedoch auch nicht ins Tierreich gehören, bleibt nur die Sonderstellung.

Feuchtigkeitsschäden – auch die Schimmelpilzbildung im Haus gehört in diesen Bereich – werden durch Wasser verursacht, das wir gefroren, flüssig und oder als Dampf kennen. Die uns umgebende Luft enthält immer eine gewisse Menge Wasserdampf. Je nach Temperatur hat die Luft die Fähigkeit, eine unterschiedlich große Menge Wasser aufzunehmen. Je wärmer es ist, desto größer wird das Wasseraufnahmevermögen. In einem Kubikmeter Luft können bei 0 Grad Celsius maximal 5 Gramm Wasser gelöst sein, während bei 20 Grad Celsius schon 17,5 Gramm aufgenommen werden. In beiden beschriebenen Zuständen beträgt die relative Luftfeuchtigkeit 100 Prozent. Kühlt die Luft ab, kann sie die gesamte Wassermenge nicht mehr an sich binden. Es bildet sich Tauwasser, auch Kondensat genannt. In der Natur ist das ein normaler und wichtiger Vorgang – in Wohnungen und Häusern sollte dagegen eine solche Tauwasserbildung vermieden werden, da sich an feuchten Stellen mit der Zeit Schimmelpilzkulturen bilden können. Wasserdampf bewegt sich in der Regel von innen nach außen, also von der feuchteren und wärmeren zur trockenen und kalten Seite. Das Bestreben des Wasserdampfs, das Mauerwerk zu durchdringen, wird Dampfdiffusion genannt. In der Bauphysik und Baubiologie gilt der Grundsatz, dass die Diffusionswiderstände der für Wandaufbauten verwendeten Materialien von innen nach außen abnehmen sollten. Dampfdichte Fassadenanstriche oder Außenisolationen behindern nämlich die Diffusion und führen zu Kondensation an den Wänden.

Der Hauptgrund, dass sich Schimmelpilze in Wohnungen immer mehr ausbreiten, sind die Entwicklungen bei Baustoffen und Anstrichen weg von Naturmaterialien. Lehm und Holz wirken feuchtigkeitsregulierend und haben daher für ein gesundes Raumklima günstigere Eigenschaften als Beton oder Styropor. Das Gleiche gilt auch für die Oberflächenbehandlung von Wänden und Decken: Kalk-, Kasein-, Kreide- und Leimfarben verdichten und versiegeln die Oberflächen nicht, wie es Dispersions- und Kunstharzfarben tun. Zu den Baustoffen und Anstrichen kommen noch dichtere Fenster, Zentralheizungen und ein allgemein höherer Wasserverbrauch in Küche und Bad, die alle zu einer Kondenswasserbildung und damit zur Entstehung von Schimmelpilz beitragen. Gegen Schimmelbefall hilft letztlich und nachhaltig nur eine Trockenlegung der Wände. In dem entsprechenden Abschnitt beschäftigen wir uns ausführlicher mit Fragen der Bauphysik und der Unterscheidung von Bauschäden und Nutzungsfehlern. Im Zusammenhang mit Schimmelbildung treffen wir meistens auf das Phänomen der Kondenswasserbildung. Eine hohe relative Luftfeuchtigkeit trifft dabei besonders hinter Betten oder Schränken auf kalte Wandbereiche. Es ist dasselbe Phänomen, das jeder von beschlagenen Fensterscheiben kennt. Der Taupunkt sinkt drastisch ab, und die Wand wird feucht.

Schimmelpilzsporen, mit denen sich die Pilze verbreiten, sind sehr widerstandsfähig. Es gibt zwar Bekämpfungsmittel, zum Beispiel mit Chlorwirkstoffen, die Sporen für eine gewisse Zeit unterdrücken können, dabei aber neue Gefahren für die Gesundheit heraufbeschwören. Auch diese Mittel wirken nicht auf Dauer, wenn die Ursachen für den Befall nicht beseitigt werden. Bewährt haben sich zumindest als eine erste Sofortmaßnahme die alten Hausmittel wie fünfprozentige Essigessenz und Sodalauge. Alkohol eignet sich zum Sterilisieren und zu Reinigungszwecken, beseitigt aber die Sporen nicht.

Insgesamt sind über 10 000 Schimmelpilzarten bekannt, von denen über 100 Arten in unseren Wohnungen auftauchen können. Als Grundsatz im Wohnbereich gilt: Ohne Feuchtigkeit und Wärme verliert der Pilz seine Existenzgrundlage. Im Haus fallen Schimmelpilze meist erst nach längerer Zeit auf, wenn sie sich grün, schwarzgrau, gelb oder rötlich zu verfärben beginnen. Schimmelpilze bilden im Wachstum eine Unzahl Samen, je nach Art Sporen oder Koniden genannt, die an die Luft abgegeben werden und sich wie Staub verbreiten. In der Verbindung mit Wärme und Feuchtigkeit schaffen sie einen Nährboden für die Entwicklung immer neuer Pilzgeflechte.

Keine Frage: Schimmelpilze in Wohnungen sollten beseitigt werden. Dabei reicht in der Regel die oberflächliche Entfernung des Pilzes nicht aus. Es muss vielmehr die Ursache der Feuchtigkeitserscheinung am oder im Bauteil erkannt und behoben werden, um dem Schimmelpilz den Nährboden zu entziehen.

Schimmelknacker

> **Tipp aus der Praxis**
> Schimmelbefall in der Wohnung entsteht dort, wo die allgemein in der Luft vorhandenen Schimmelsporen einen feuchten, warmen Untergrund finden. Bevorzugt befallene Stellen sind Badezimmerecken und Wände hinter Schränken, weil dort viel Feuchtigkeit anfällt oder zu wenig Luftaustausch stattfindet. Grundsätzlich ist es erforderlich, nach den Ursachen des Pilzbefalls zu suchen und eventuelle Bauschäden und Fehler wie fehlende Feuchtigkeitssperren, ungenügende Dämmung, defekte Rohrleitungen, ungenügende Lüftungsmöglichkeiten usw. zu beheben. Schnelle Abhilfe gegen Schimmelbefall besteht im Abwaschen mit Essig, Alkohol oder Sodalauge (5–6 Prozent). Die unangenehmen Beläge lösen sich recht gut, und der pH-Wert verhindert zunächst ein Neuaufleben der Schimmelkultur. Vor allen anderen Maßnahmen, die dann noch erfolgen sollten, ist diese immer zu empfehlen. Die Belastung der Atemluft wird hierdurch erst einmal aufgehoben.

Schimmel an der Wand und ein großer Holzpilz in einem zerfallenden Haus.

Eine Behandlung mit Antischimmelprodukten ist nur in Kombination mit einer Trockenlegung und unter Beachtung der oben genannten Punkte sinnvoll. Reste alten Befalls, die sogenannten Dauerzellen, die auch lange Phasen der Trockenheit überstehen, können wohl tatsächlich abgetötet werden. Alkalische, wasserglashaltige Produkte wie der Schimmelknacker (Kreidezeit usw.) verkieseln zusätzlich die Oberfläche, so dass keine Pilzaktivität mehr zu erwarten ist. Sporen kommen jedoch überall vor. Mit der Luft schweben sie erneut auf unsere Wände. Bei anhaltender Feuchtigkeit würde es alsbald zu einem Neubefall kommen.

Dekorieren mit Deckfarben

Die weiße Wand

Das Weißen der Wände verändert Räume grundlegend. Ein Anstrich macht in kürzester Zeit aus einem Rohbau fertige, wohnliche Räume. Dunkle Ecken werden belebt, Konturen werden erkennbar, die Räume wirken größer und vermeintlich sauber. Mit dem Weißgrad wird eine erste Entscheidung zur Ausgestaltung nötig. Strahlendes Weiß, kaltes Weiß, Eierschalenweiß, gebrochenes Weiß, Altweiß, Schneeweiß sind eine Auswahl der Begriffe. Was diese im Einzelnen bedeuten, ist nirgends genau festgelegt. Je weißer, desto sauberer, könnte eine Assoziation sein, wenn von Krankenhausweiß geredet wird. Auch das Weiß des Südens ist ein trügerischer Begriff. Gekalkte Häuser in Griechenland oder Italien empfindet der Sommertourist als blendend weiß. Doch wer einmal in einem regnerischen Winter durch enge Gassen gewandert ist, kennt auch eine andere Art vom Weiß des Südens. Nämlich eine breite Palette von Grautönen, von Braun- und Grünstichen, je nachdem, was die Wände tränkt oder an ihnen wächst.

Wandfarbe besteht aus Weißpigmenten, Bindemitteln, Füllstoffen und Lösemitteln. Naturfarben sind meist in farblosem Wasser gelöst und enthalten als Bindemittel möglichst farbneutrale Stärke-, Zellulose- und Kaseinleime. Öle und Harze in Naturharzdispersionen bringen leichte Gelb-, Grau- oder Braunstiche. Diesen störenden Tönungen wirken Pigmente wie Titanweiß oder Lithopone sehr effektiv entgegen. Viele Naturfarbenhersteller arbeiten mit besonders reinen Weißerden als farbgebendem Bestandteil in ihren Farben, um auf synthetische Pigmente verzichten zu können.

Die farbige Wand

Es ist kein Problem, Werkstoffe einzufärben. Die einzige Voraussetzung ist, dass sich Farbstoff und Werkstoff vertragen und die Festigkeit oder der innere Zusammenhalt des Werkstoffs nicht leidet. Zum einen muss also eine Beständigkeit der Pigmente gegeben sein. Da ist hauptsächlich die sogenannte Kalkechtheit (Beständigkeit gegen alkalische Bindemittel) zu nennen. Zum anderen darf das Einfärben nicht übertrieben werden. Das Zumischen von Pigmenten in ein Anstrichmittel ist schließlich ein Eingriff in die Rezeptur; das Mischungsverhältnis wird verschoben. Die meisten Anstrichmittel vertragen 5 bis 10 Prozent zusätzliche Pigmente; wer hingegen 30 Prozent Pigmente zusetzt, wird zwangsläufig die Bindefähigkeit überfordern. Bei Farben äußert sich das sofort nach dem Trocknen durch Kreiden, sprich durch Abfärben des Anstrichs. Im Zweifelsfall schafft ein Probeaufstrich Sicherheit.

Tipp aus der Praxis

Einfach zu verwirklichen sind gleichmäßig eingefärbte Wandanstriche. Die Buntpigmente werden zunächst mit Wasser angeteigt und dann gleichmäßig in die weiße Farbe eingerührt. Die großen Kräfte eines elektrischen Quirls auf der Bohrmaschine zerschlagen die Pigmentklümpchen restlos. Und genau darum geht es, jedes Pigmentteilchen mit Bindemitteln zu umhüllen. Nur so kann es anschließend gleichmäßig und klumpenfrei zwischen den weißen Farbkörpern verteilt werden.

Ein heller Sockel im Deckenbereich macht auf die Farbigkeit einer Wand aufmerksam. Der gerade Absatz sieht gut aus und ermöglicht es einem, schiefe Decken optisch zu begradigen. Oft werden farbige Sockel im unteren Wandbereich eingesetzt, um Verschmutzungen nicht so schnell sichtbar werden zu lassen. In Treppenhäusern und Fluren älterer Gebäude ist diese Art der Malerarbeit oft zu finden. Besonders mit Ölfarbe gestrichene Sockel ergeben abwaschbare Oberflächen, die eine häufige Renovierung erübrigen.

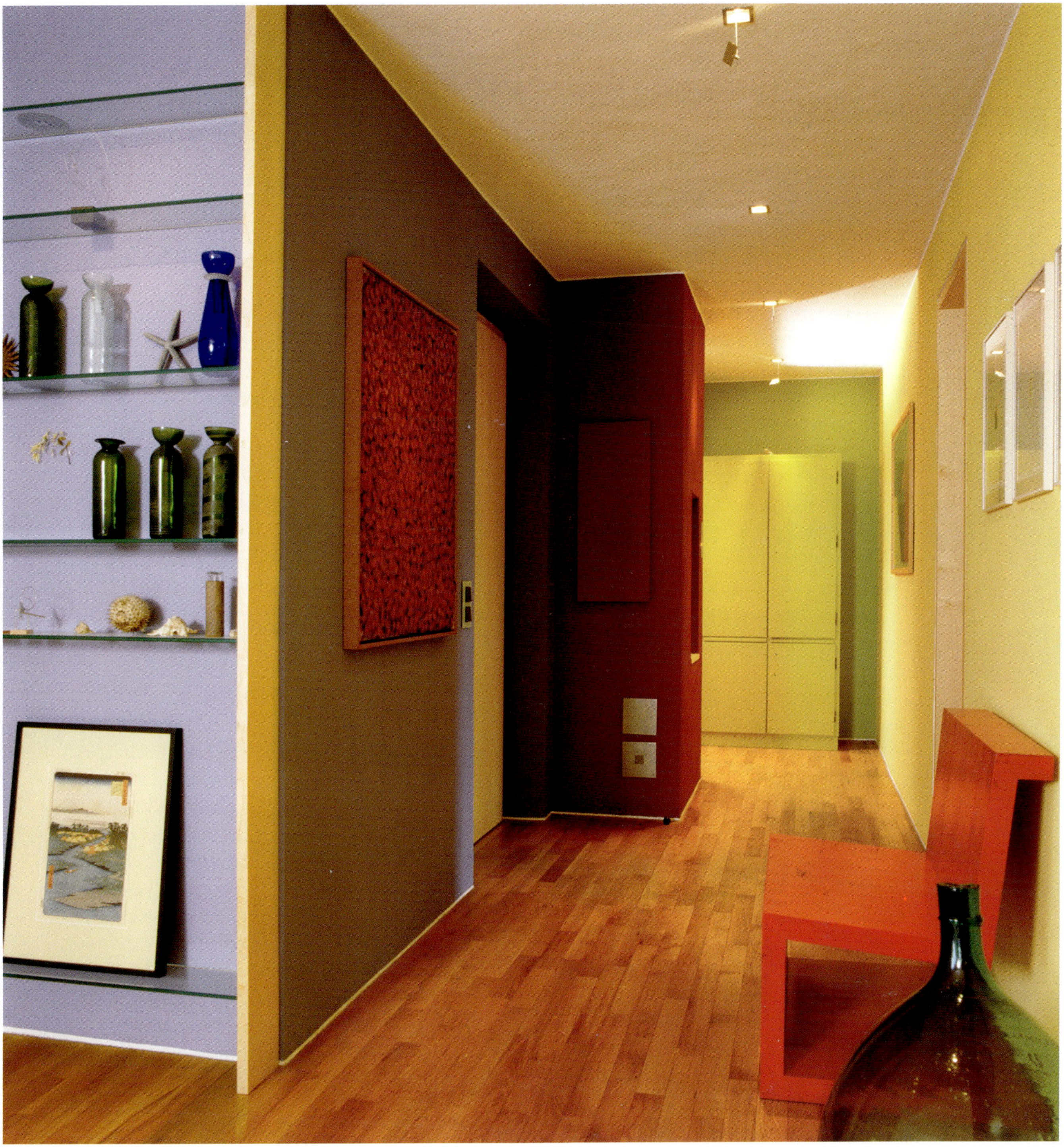

Anstrichtechniken

Streichen, Rollen, Spritzen

Streichen, Rollen, Spritzen: Das ist eine grundsätzliche Entscheidung, denn davon hängt ab, welche Art der Farbe genommen wird. Mit den meisten Anstrichmitteln ist all das möglich. Das Erscheinungsbild der fertigen Anstriche ist jedoch unterschiedlich. Wenn auch die Beschaffenheit des Untergrunds und die Viskosität der Farbe sowie die Deckfähigkeit des Anstrichmittels eine große Rolle spielen, die Auftragsart bestimmt mit. Gespritzte Farben weisen die höchste Homogenität auf, wenn man das Gerät beherrscht.

Die Rolle oder Farbwalze ist heute vielen von uns das geläufigste Werkzeug für Wand- und Deckenanstriche. Sie ermöglicht einen recht zügigen und gleichmäßigen Auftrag. Gut zu verarbeiten sind mit ihr die etwas cremigeren Leim- und Kaseinfarben. Ist die Farbe etwas zu dick eingestellt, ergibt sich eine leicht wellige Oberfläche, ein typisches Narbenmuster. Hier hilft eine vorsichtige Verdünnung mit Wasser. Eine gleichmäßige Oberfläche ergibt sich nur bei Arbeiten im Kreuzgang (siehe rechts); wer Bahn neben Bahn oder Fläche neben Fläche stellt, wird das später auch sehen. Durch den Andruck der Rolle auf die Fläche können Sie die Menge der Farbabgabe bestimmen. Viel Farbe auf die ungestrichene Fläche, wenig beim Verschlichten über den bereits gestrichenen Bereich. Üben Sie, das macht am Ende richtig Spaß!

Das Streichen schließlich ist sicher die traditionellste Auftragsart für Deckfarben. Die Bezeichnung Wand- und Deckenbürste sagt alles. Auch hier braucht es etwas Übung, um eine gleichmäßige Fläche zu erlangen. Man merkt aber bald, wie weit eine Werkzeugfüllung zu verteilen ist und welches die richtige Konsistenz der Farbe ist. Auch hier ergibt die etwas zu dicke Farbe eine typische Textur, nämlich den stehen bleibenden Strich. Das ist etwas, was gerade bei Strukturputzen ganz gezielt eingesetzt wird. Andererseits können sehr dünnflüssige Anstrichmittel mit dem Quast gut geschlämmt werden. Besonders Kalk und Silikatfarben sollen so dicht an den

Die Entpersönlichung der Arbeit

Der heutige Stand der Anstrichtechnik mag rationell wie nie zuvor sein. Nur fordert diese Rationalität auch ihren Tribut: eine Entpersönlichung des handwerklichen Prozesses. Gespritzte oder gerollte Flächen mögen ebenmäßig erscheinen, was auch ihre Qualität sein kann. Sie wirken aber auf alle Fälle anonym. Die daraus entstehende Entpersönlichung der Arbeit hat eine Beliebigkeit zur Folge, bei der der Handwerker gänzlich in den Hintergrund tritt und lediglich der Preis als einzig vergleichbares Kriterium für die Arbeit zur Verfügung bleibt. Farbkunden und Planer verlangen aber wieder vermehrt nach individuellen Handwerkstechniken, die Spuren der Menschlichkeit hinterlassen. Thomas Klug (Keim Farben) in *Coviss* 2, 2004

Untergrund wie möglich, sie sollen am besten in die Poren gedrückt werden. Hier ist auf jeden Fall das Streichen anzuraten. Soll ein Anstrich eher noch durchscheinend wirken, ist die Bürste das Werkzeug der Wahl.

Kreuzgang: Nass-in-nass-Technik

Der *Kreuzgang* ist eine Grundlage der Anstrichtechnik. Farbe soll nicht bahnenweise aufgetragen werden, das muss den Zebrastreifen vorbehalten bleiben. Gerade die Rolle oder Farbwalze neigt dazu, an den Rändern mehr Farbe freizugeben als aus ihrer Mitte. Im fertigen Anstrich blieben diese Ränder als Niveauerhöhungen sichtbar. Ein Arbeiten über Kreuz erfolgt darum so lange, bis die Fläche verschlichtet ist, bis eben keine Ränder mehr sichtbar sind. Die Häufigkeit des Hin-und-her-Rollens ergibt sich größtenteils aus dem Werkzeug und der damit verbundenen Farbmenge. Ziel ist es, keine Werkzeugspuren zu hinterlassen.

Nass in nass hat sich aus der Terminologie des alten Malerhandwerks bis in die Moderne herübergerettet. Ansatzfreie Flächen, das heißt völlig homogen beschichtete Wände ohne Schattenbildungen, sind eben nur so zu erreichen. Sollten Sie während des Streichens einer Wand ans Telefon gerufen werden oder erst einmal zum Mittagessen gehen, wären Sie ein Künstler, wenn das in den späteren Jahren nicht noch zu sehen wäre. Eine angezogene (angetrocknete) Schicht wird zwangsläufig beim Weiterarbeiten überstrichen. Dieser doppelte Auftrag ist später zu erkennen. Abgesehen davon, dass eine doppelte Schichtstärke die Abdeckung des Untergrunds verändert, kommt es auch zu Schattenbildungen bei sehr flachem Lichteinfall.

Auch beim *Beschneiden der Kanten* muss an oben genanntes Phänomen gedacht werden. Es ist nicht unüblich, zunächst die gesamten Ecken mit dem Pinsel zu streichen. Hier wird der Pinsel des persönlichen Vorzugs eingesetzt, gern darf es auch ein Heizkörperpinsel sein. Er muss so viel Farbe aufnehmen, dass ein befriedigend langer Strich gezogen werden kann. Manchmal ist es besser, nur kleine Bereiche, vielleicht eine Wand, zu beschneiden. Sodann wird die Fläche nass in nass inklusive der Ränder durchgearbeitet!

Das *Abkleben* von Kanten für Wand- und Deckenanstriche ist ein weiteres modernes Phänomen. In vielen Fällen ist das Abkleben sicher hilfreich und sinnvoll. Doch vor einem Anstrich mit Naturfarben alle Tür- und Fensterkanten abzukleben, vielleicht auch noch die Fußleisten, ist ein erhebliches Stück Arbeit. Wird abgeklebt, sollte das Band (Malerkrepp) noch vor dem Abbinden der Farbe entfernt werden, sonst gibt es beim Abreißen sicher Farbausreißer.

Die unterschiedliche Belichtung der Wände eines Raumes ergibt von sich aus unterschiedliche Farbwirkungen. Die gegenüber dem Fenster liegende Wand wird immer am hellsten wirken. Solche Effekte kann man sich bei der Gestaltung zunutze machen. Für die Malerarbeit ist das insofern wichtig, als beim Streichen der Lichteinfall berücksichtigt werden sollte. Man beginnt, insbesondere bei der Decke, am Fenster. Es wird dann mit dem Licht gearbeitet, der letzte Strich mit dem Quast, oder die letzte Bahn der Rolle sollte in Richtung des Lichteinfalls erfolgen. Auch wenn das im Moment etwas kompliziert erscheint, wird das während der Arbeit schnell zur unbewussten Selbstverständlichkeit. So wirkt man der erwähnten Schattenbildung entgegen.

Wandlasuren

Bei der Lasurmalerei wird die Farbe nicht in den Farbteig hineingerührt, sondern mit einem Lasurbinder in vielen Schichten auf einen vorbereiteten Lasurgrund im Nachhinein lasierend aufgetragen. Für den Lasurgrund genügt es nicht, nur weiß zu sein. Er darf nicht zu glatt, nicht zu fett, das heißt wasserabstoßend, und nicht zu mager, das heißt zu stark saugend, sein. Er muss das Licht optimal reflektieren, weil er durch die Farbschichten zurückstrahlt und so dem Wandbild die Tiefe und Transparenz gibt, die typisch ist für die Wandlasur.

Eine Farblasur auf Wänden im Innenbereich soll in lebendiger Weise die Differenzierungen des Lichtes der verschiedenen Tageszeiten und des Jahreslaufs im Raum zur Entfaltung bringen. Es kommt also auf das sensible Zusammenwirken von Licht, Schatten und transparenten Farbpigmenten an. Entscheidend für das Erscheinungsbild des Lasuranstrichs ist aber die Auftragsart und mit ihr die Wahl des Werkzeugs.

Eine Wandlasur ermöglicht, wie die Aquarellmalerei, sehr zarte und doch leuchtende Farbgebungen. Bei einem insgesamt hellen Eindruck ist es dennoch möglich, viel Farbigkeit in den Raum zu bringen. Die transparenten Farbschichten der Lasur werden von Licht durchdrungen, und die Farbkörper können ihre eigene Farbe ungestört reflektieren. Ist ein heller Untergrund gegeben, kommt es zu der sogenannten *Tiefenlichtreflexion*. Das heißt, der helle Untergrund strahlt Licht zurück, und die Pigmente werden noch besser beleuchtet.

Als Lasur wird der transparente Anstrich bezeichnet. Es gibt eine ganze Reihe von Lasuranstrichen, nicht nur auf Wänden und Decken, sondern auch auf Holz oder sonstigen Untergründen. Hier interessieren uns zunächst nur drei Varianten, die Lasur der guten Stube, die Kalklasuren der Freskotechnik und die Lasuren mit Silikatmalmittel. Die beiden Letzteren werden unter den Tipps aus der Praxis am Ende dieses Abschnitts angesprochen. Für Innenraumlasuren beziehen wir uns vor allem auf Kaseinlasuren, deren Gebrauchstauglichkeit bei einfacher Anwendung hoch ist.

Bevor mit dem Lasieren begonnen wird, ist eine grundsätzliche Entscheidung bezüglich des Einfärbens zu treffen. Dabei denken wir erst in zweiter Linie an die vielen Farbtöne, die ja letztlich dem individuellen Ge-

Lasurfarbenanstrich.

Tipps aus der Praxis
Zur Lasurprobe eignen sich kleine Schälchen, in denen Sie messerspitzenweise Pigmente zu Lasuren anrühren. Die optische Wirkung des Pigments ergibt sich bereits mit Wasser. Eine Echtprobe, mit etwas Bindemittel, ist besser, um auch mehrschichtige Arbeiten mit aufeinander abgestimmten Farbtönen vorzuplanen. Hier sollte etwas experimentiert werden. Die Farbintensität einer Lasurfarbe kann im Gefäß nicht beurteilt werden. Sie schauen schließlich durch zwei oder mehrere Millimeter oder gar Zentimeter Lasurschicht in ein dunkles Gefäß. Machen Sie einen Aufstrich auf hellem Papier, und Sie sehen sofort, wie kräftig die Lasur tatsächlich ist. Ganz sicher gehen Sie, wenn die Probe außerdem noch getrocknet wird. Der endgültige Farbton stellt sich erst dann ein. Er wird heller sein als in nassem Zustand.

Man wird in der Regel rauhe Flächen als Lasuruntergrund wählen. Für eine typische Optik sind die Putzstrukturen untapezierter Wände günstig. Hier vermittelt der Sandanteil Körnung und Textur. Wo diese nicht gegeben sind, wie beispielsweise bei Leichtbauwänden und Ausbauplatten oder sehr glatten Gipsputzen, ist an eine Grundierung mit einem Strukturanstrich zu denken. Die Viskosität einer Lasur sollte in aller Regel sehr dünn sein. Die verhältnismäßig wenigen Pigmente, die an der Oberfläche einer Wand fixiert werden sollen, brauchen nicht viel Kleber. Das Kasein ermöglicht mit seiner Emulgatoreigenschaft ein Untermischen von Ölen. Geeignet sind alle trocknenden Speiseöle, wie beispielsweise Sonnenblumenöl. Hierdurch wird die Lichtbrechung etwas beeinflusst, die Farben werden bei größeren Ölzugaben ein klein wenig angefeuert. Dieses Prinzip machen sich auch die Pflanzenlasuren von Auro, Biofa und Livos zunutze, die mit Wachsanteilen versehen sind. Dabei ist sogar ein nachträgliches Aufpolieren zu Seidenglanz möglich. Diese Zusätze machen die Lasur elastischer und insgesamt beständiger gegen mechanische Angriffe. Sie werden begrenzt scheuerbeständig.

Es gibt eine Reihe von Möglichkeiten, Wandlasuren nachträglich zu schützen. Ein Schutzfilm als Finish wäre zum Beispiel eine wässrige Carnaubawachsemulsion. Wird diese sehr dünnflüssig angesetzt, lässt sie sich mit breitem Pinsel oder einer entsprechenden Bürste leicht auftragen.

schmack zu überlassen sind, sondern an den Werkstoff. Pflanzlichen Farbstoffen mangelt es oft an Lichtechtheit. Erd- und Mineralpigmente sind hingegen 100-prozentig lichtecht. Auch nach Jahrzehnten werden sie nichts von ihrer Leuchtkraft verlieren.

Beim Einsatz von Pigmenten in Lasuranstrichen ist ihre Korngröße von Bedeutung, da das Licht zwischen den einzelnen Pigmentkörnchen hindurch auf den Untergrund treffen soll. Nie darf dabei das einzelne Korn sichtbar werden. Nur so erreicht man die bereits angesprochene Lichtreflexion. Besonders geeignet sind Lasurpigmente, die selbst etwas lichtdurchlässig sind, wie das bei manchen italienischen Erden (Terra di Siena) oder den Ultramarinpigmenten der Fall ist.

Die Wischtechnik

Die Wischtechnik ist eine recht einfache Technik. Die Lasur wird über den Untergrund gewischt, dafür können unterschiedliche Werkzeuge benutzt werden. Wir bevorzugen den Quast beziehungsweise die sogenannten Bürsten, da sie mit wenig Reibung arbeiten und einen leichten, lockeren Auftrag ermöglichen. Der dabei stehen bleibende Pinselstrich hat einen zusätzlichen Reiz. Wird mit Tüchern oder Schwämmen gewischt, entsteht leicht ein flächigeres Bild, das nur durch mehrere Schichten wieder belebt werden kann. Bei ungünstiger Pigmentwahl kann hier zudem eine schmutzige Wirkung entstehen. Am besten wird aus einer flachen Wanne heraus gearbeitet, an deren Rand der Quast gut ausgestrichen werden kann. Kommt nämlich zu viel Farbe auf die stehende Fläche, läuft diese unweigerlich herab und bildet unerwünschte Läufer oder Nasen. Klassische Lasurarbeiten leben von einem mehr oder weniger unruhigen, im Ganzen aber doch gleichförmigen Erscheinungsbild. Nicht gestreifte, sondern belebte Flächen sind das Ziel.

> **Tipps aus der Praxis**
> Der Arbeitsgang und die Aufteilung der Fläche sind von besonderer Bedeutung bei der Wischtechnik. So deutlich wie bei Lasuren werden bei keinem anderen Anstrich unterschiedliche Schichtstärken sichtbar. Das richtige Arbeiten nass in nass ist unabdingbare Voraussetzung für ein einheitliches Flächenbild. Decken- und Wandanschlüsse stellen zunächst ein Problem dar, da die Farbe nicht in alle Richtungen verschlichtet werden kann. Es ist mit etwas Übung kein Problem, den gefüllten Pinsel an der jeweiligen Kante als Strichzieher entlangzuführen, um ihn dann in die Fläche hineinzuwischen. Soll ein farblicher Absatz auf einer Fläche erfolgen, kann durchaus mit Klebeband gearbeitet werden.
> Neben der selbstgewählten Flächenaufteilung und dem Arbeitsgang spielen weitere Faktoren für das Gelingen der Arbeit eine Rolle. Da sind die notwendigerweise reduzierte Saugfähigkeit des Untergrunds und die Umgebungs- und Werkstoffbedingungen zu nennen. Stark saugende Untergründe bedingen ein allzu schnelles Anziehen. Hier bilden sich nun nicht nur Schatten, sondern vor allem unterschiedlich starke Lasurschichten (beziehungsweise mehrschichtige Aufträge), was zu einem extrem scheckigen Bild führt. Vorbereitend kann eine Grundierung der Fläche notwendig sein beziehungsweise ein wenig saugender Grundanstrich zur Voraussetzung gehören.

Das Stupfen oder Tupfen

Beim Auftragen von Lasurfarbe (getupft werden kann auch mit Deckfarbe) werden die unterschiedlichsten Werkzeuge wie »Stempel« eingesetzt. Immer werden diese nur so weit mit Farbe getränkt, dass diese nicht herauskleckert. Anschließend wird die Farbe auf den Untergrund aufgetupft. Ein Übergang zum Wischen ergibt sich, wenn das Werkzeug gleichzeitig etwas verzogen wird.

Für Stupftechniken wird der Naturschwamm benutzt, da er besonders viel Farbe aufnimmt und es somit ermöglicht, verhältnismäßig große Flächen zu betupfen. Der Schwamm kann während der Untergrundberührung leicht gedreht oder verschoben werden, so ergeben sich völlig neue Muster.

Das Durchstupfen vorbeschichteter Flächen ist nur auf wenig saugenden Untergründen möglich, auf denen die Farbe lange genug flüssig steht. Denkbar ist ein zügiger Auftrag mit der Rolle, der am besten eine zweite Person mit der Stupfbürste folgt. Die Farbschicht wird sozusagen durchgeklopft, um ein gleichmäßiges Bild zu erhalten.

Glanzwickeltechnik

Eine Besonderheit ist die Glanzwickeltechnik, bei der ein farbloses Finish auf den Untergrund gebracht wird. Das Material für diesen Spezialeffekt ist konzentrierte Schellackseife (mindestens 25 Prozent). Es handelt sich dabei um verseiften Schellack, der nur in heißem Wasser löslich ist. Gegen kaltes Wasser ist diese Oberfläche recht beständig und kann darum auch als Schutz für andere Arbeiten eingesetzt werden. Dieser hauchdünne Lack, in der Wickeltechnik aufgetragen, ist vor allem bei seitlichem Lichteinfall wirksam. Dieser verleiht ihm einen eleganten Glanz. Je nach Untergrundfarbe betont er dessen Farbigkeit. Dieser Effekt muss auf jeden Fall in der Kombination mit dem Anstrich erprobt werden!

Das Abnehmen der Lasurfarbe

Eine spezielle Lasurtechnik ist es, das Lasurmalmittel zunächst großzügig aufzutragen, um es hernach mit einem Schwamm wieder abzunehmen. Eine Voraussetzung für dieses Vorgehen ist ein sehr schwach saugender Untergrund, der die Lasurschicht freiwillig wieder hergibt. Naturharzdispersionen und Kaseintemperafarben mit sehr hohem, etwa 30-prozentigem Ölanteil haben sich bewährt.

Tipp aus der Praxis

Saugfähige Untergründe ziehen die erste Lasurschicht geradezu an. Sie wird darum in der Regel den Ton angeben. Es ist bei mehrschichtigen Lasurarbeiten durchaus wichtig zu überlegen, welche Farbe die erste sein soll. Weitere Schichten werden zarter aufgetragen, weil sie leichter verwischt und damit großräumiger verteilt werden können. Ist der Untergrund zu zugig, kann Wässern sehr helfen. Nach Möglichkeit sollten Kombinationsproben gemacht werden.

Das Schablonieren

Bevor es Tapeten gab, wurden Wände und Decken oft bemalt. Diese Freihandmalerei gab es in sehr unterschiedlichen Qualitäten. Manche Malereien sind noch heute, nach Jahrhunderten, erhalten und genießen großen Ruhm. Die Ausführungen unzähliger Stubenmaler sind hingegen unter den Anstrichen nachfolgender Generationen verschwunden. Wer heute im Altbau renoviert,

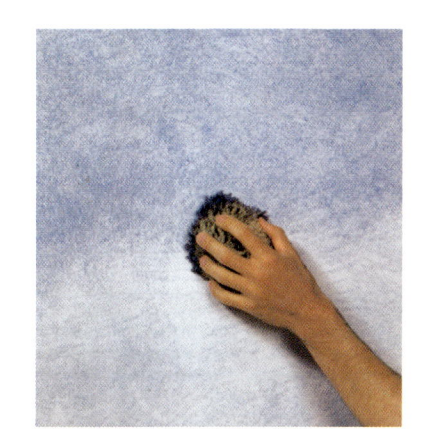

Stupfen, wickeln, schablonieren.

Tipp aus der Praxis

Zum Schablonieren sollten nur gut wasserlösliche Farben benutzt werden, weil diese nicht dazu neigen, den Schablonenausschnitt zuzusetzen. Optimal ist eine Leimfarbe, aber auch mit Kaseinprodukten haben wir gute Ergebnisse erzielt. Die Schablone wird zwischenzeitlich, nach jeder dritten bis fünften Anwendung gereinigt. Es geht dabei vor allem darum, zu verhindern, dass auf die Innenseite gelangte Farbteilchen das Motiv verunreinigen. Die Abbildung wird ohne zwischenzeitliche Reinigung nach und nach immer unschärfer.

findet gelegentlich interessante Malereien beim Abnehmen alter Anstriche.

Die Schablone diente gewissermaßen der Rationalisierung der Freihandmalerei. Wer einmal etliche Blüten zu einer Bordüre aneinandergereiht hat, wird eine Schablone, die lediglich ausgetupft zu werden braucht, sehr begrüßen. Die Firma Storch bietet beispielsweise 300 Motive in professioneller Schablonenqualität an. Ihre Größe lässt es zu, in angemessener Zeit eine Bordüre um den ganzen Raum zu legen. Es gibt hier auch mehrschlägige Schablonen mit Passerpunkten, die es ermöglichen, die aufeinander folgenden Motivteile exakt übereinanderzulegen. Zu erwähnen ist noch die Möglichkeit, Schablonen selbst zu schneiden.

Als Werkzeug bietet sich der Schablonierpinsel an, den es in unterschiedlichen Größen gibt. Er erinnert stark an einen alten, abgearbeiteten Ringpinsel. Wichtig ist vor allem, dass sich keine weichen Borsten abspreizen können und damit Farbe hinter den Schablonenrand schieben. Der Pinsel wird mit Schablonierfarbe gefüllt, abgestreift und dann durch den Motivausschnitt getupft. Es kann sowohl flächendeckend als auch randzentriert oder mittig des Motivs gearbeitet werden. Machen Sie einige Testabdrücke, um die gewünschte Wirkung zu erzielen. Gelegentlich wird übrigens auch mit Schwämmchen oder anderen Werkzeugen gearbeitet – folgen Sie Ihrer Inspiration.

Wandlasuren mit Pflanzenfarben

Die Pflanzenwelt liefert eine unerschöpfliche Vielfalt an Farben. Allerdings – Pflanzen unterliegen als lebendige Wesen natürlichen Schwankungen in Farbton, Intensität und Ergiebigkeit einer Pflanzenfarbe. Das läuft dem Drang nach Uniformierung und normgerechter Produktion zuwider. Abweichungen könnten ja jenen unangenehm auffallen, die man gerade mühsam an die absolute Langeweile und Gleichförmigkeit industrieller Serienprodukte gewöhnt hat. Doch wer mit offenen Augen durch die Natur geht, der lässt sich von der Vielfalt der Farben der Pflanzenwelt, die in allen Pflanzenteilen enthalten sind, begeistern: in der Wurzel Krapp, in den Blättern Indigo, Birke, in den Stengeln Reseda, in den Stämmen der Bäume und Sträucher Rotholz, Gelbholz, Blauholz, in Blüten Kamille oder in Blütenteilen Safran,

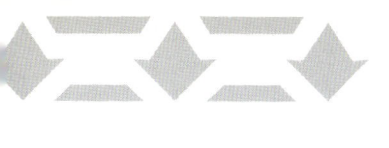

Mit Schablonieren lassen sich vielfältige Effekte erzielen.

Mit Pflanzen gefärbtes Papier.

Pflanzenfarben.

in Fruchtteilen Walnussschale, in Baumrinden Eichenrinde und in Baumharzen Catechu, Drachenblut. Die Aufzählung ließe sich beliebig fortsetzen. Genau betrachtet gibt es eigentlich gar keine Pflanze, aus der nicht Farbe hergestellt werden könnte. Wohl ist nicht in allen Fällen die Lichtechtheit ausreichend, jedoch ist die Auswahl so groß, dass bei intensivem Studium noch eine reichhaltige Palette an Farbstoffen übrig bleibt.

In den Pflanzenaschen wie der Pottasche haben wir dann gleich ein Hilfsmittel zur Bildung des Pigments, des feinen Farbkorns. Jedes Pigment braucht zudem ein Bindemittel. Auch hier ist die Fülle dessen, was uns die Pflanzen bieten an Harzen, Wachsen, Fetten, Gummis, Stärken und Schleimen, fast unüberschaubar. Erfahrung, Beobachtungsgabe und Liebe zur Sache sind nötig, um aus dieser Vielfalt das jeweils geeignete auszusuchen.

Die ersten veröffentlichten Rezepte für Pflanzenfarben gehen auf das 13. Jahrhundert zurück. Die Entwicklung wurde durch die Entdeckung von neuen synthetischen Farbstoffen jäh unterbunden, und mit der Einführung von Anilinfarben riss der Faden vollständig. Erst in den zwanziger Jahren erinnerten sich Rudolf Stei-

	36300 Wild Saffron WILDER SAFRAN		36312 Plant Blue BLAUKRAUT
	36302 Gardenia GARDENIA		36314 Safflower FÄRBERDISTEL
	36304 Paprika PAPRIKA		36316 Nettle BRENNESSEL
	36306 Red Beetroot ROTE BEETE		36318 Leaf Green BLATTGRÜN
	36308 Elder HOLUNDER		36320 Indian Date INDISCHE DATTEL
	36310 Japanese Blue Algae JAPANISCHE BLAUALGE		36322 Plant Black Kohle PFLANZENKOHLE

ner und die Anthroposophische Gesellschaft beim Bau des ersten Goetheanums in Dornach für die Malereien im Kuppelbau wieder an die Pflanzenlasuren. Die dabei angewandte Ausfällungsmethode basiert darauf, dass Mineralien wie beispielsweise Tonerde die Fähigkeit besitzen, Farbstoffe zu absorbieren. Die Tonerde wird dadurch zum Farbträger und ermöglicht erst die Verwendung als Malfarbe. Es handelt sich im eigentlichen Sinn um Pflanzenextrakte, die in transparente Tonerdekristalle gebunden mit Emulsionen als Farbe auf einen weiß gestrichenen Untergrund aufgestrichen werden. Im Gegensatz zu mineralischen oder Erdfarben sind Pflanzenfarben von sich aus lasierend, also durchlässig. Das Licht dringt durch die transparent eingefärbten Tonerdekristalle, wird dann vom weißen Untergrund reflektiert und abermals durch die Kristalle zurückgestrahlt. Der Betrachter nimmt die Farbe als Licht wahr. Die Räume werden weit, die Wände verlieren ihr Abgrenzendes – in gewisser Weise umweht einen das Farbige wie ein Hauch.

Pflanzenfarben strahlen eine Farbqualität aus, die von keinem anderen Farbstoff erreicht wird. In ihnen lebt ein Stück lebendiger Natur. Sie haben sich als besonders wertvoll bei der Ausgestaltung von Krankenhäusern, Kindergärten, Schulen und Therapiezentren erwiesen, aber auch in Schlafzimmer und im Wohnbereich.

Der Lasurauftrag mit Pflanzenfarben kann in verschiedenen Techniken ausgeführt werden, zum Beispiel Wischen, Tupfen, Wickeln oder Spritzen. Übereinander lasiert wirken die Wandlasur-Pflanzenfarben besonders farbintensiv. Durch das Schichten verschiedener Farbtöne werden Sekundärfarbtöne erreicht. Auro, neben Livos führend im Bereich der Wandlasur-Pflanzenfarben, bietet zehn verschiedene Farbtöne an. Einen guten Einblick bietet die Broschüre »Ein Fest für die Sinne«.

Farbproben mit Holzlasuren.

Anhang

Rohstoffe für die Naturfarbenherstellung

Ätzkalk

Ätzkalk ist eine andere Bezeichnung für gebrannten Kalk (CaO). Er wird aus calciumhaltigen Gesteinen unter großer Hitzeeinwirkung gebrannt. Ätzkalk wird auch Branntkalk oder Stückkalk genannt. Ätzkalk ist sehr reaktiv, reißt Wasser begierig an sich und ist dann durch seine extrem hohe Alkalität ätzend.

Alaun (Kaliumaluminiumsulfat)

Alaun ist ein sogenanntes Doppelsalz aus Kalium und Aluminium und heißt deshalb auch Kaliumaluminiumalaun oder kurz Kaliumalaun. Er hat vor allem historisch-technische Bedeutung, da er schon lange bekannt und in der Natur zu finden ist. Kaliumalaun wird heute noch hin und wieder in der Weißgerberei eingesetzt, in der Aufbereitung von Naturlatex oder als Beize in den Färbereien. Seit es möglich ist, Aluminiumsulfat technisch herzustellen, hat Kaliumalaun weitgehend an Bedeutung verloren. Alaun kann als Grundiersalz für Gipsputze verwendet werden, deren Saugfähigkeit er vermindert.

Balsamterpentinöl

Echtes Terpentin ist das am meisten eingesetzte natürliche Lösungsmittel für pflanzliche Harze. Auch als Verdünnung für Öle oder zur Reinigung von Pinseln ist es gut geeignet. Hier sei jedoch darauf hingewiesen, dass es aufgrund seiner Lösemitteleigenschaften auch die Haut schädigt. Alle natürlichen Öle können jedoch auch mit kräftigem Seifenwasser entfernt werden. Bei Balsamterpentinöl handelt es sich um ein Destillat aus Kiefernbalsam (vgl. Kolophonium). Die Harze werden in Südeuropa, vorwiegend in Portugal von lebenden Bäumen gesammelt.

Bienenwachs

Bienenwachs wird von Bienen aus dem Zucker eingesammelter Blütensäfte erzeugt. Für den Chemiker handelt es sich um einen Ester der Palmitinsäure mit einigen Beimischungen. Es schmilzt bei 63 bis 65 Grad Celsius und ist ein hervorragendes technisches Wachs. Auch ohne den Einsatz von Bleichmitteln kann Bienenwachs in dünnen Strängen an der Sonne gebleicht werden. Warm ist es sehr bildsam, das heißt, es kann gut geformt werden, da es nicht klebrig ist. Zur Wachsgewinnung wird dem Bienenstock altes, ausgedientes Wabenmaterial entnommen.

Borax

Borax ist eine bestimmte Form der Borsalze (Natriumtetraborat). Es wird überwiegend im Südwesten Nordamerikas aus natürlichen Lagerstätten gewonnen. Das milde, alkalische Salz hat vielfältige technische Qualitäten. So dient es vielfach als Flussmittel in Schmelzprozessen und begleitet manch chemische Reaktion. Uns dient es zum Kaseinaufschluss, der aus dem Magerquark einen Kaseinleim werden lässt.

Borsalze

Borsalze sind Polyborate, also Salze mit unterschiedlichen Boranteilen. Sie werden wie Borax gewonnen und haben durch den höheren Boranteil eine gute Holzschutzfunktion. Sie werden als vorbeugender Holzschutz dort eingesetzt, wo kein fließendes Wasser angreift, beziehungsweise es muss eine Auswaschung der gut wasserlöslichen Salze verhindert werden.

Dammarharz

Das Dammarharz stammt vom tropischen Dammarbaum und wird überwiegend in Indonesien durch extensive Landwirtschaft gesammelt. Das Harzen erfolgt wie bei unserem einheimischen Kolophonium durch Anritzen der Stämme. Dammar ist farblos und ergibt was-

Rohstoffe zur Farbenherstellung.

serhelle Lacke, weshalb es zur Firnisbereitung prädestiniert ist. Es ist löslich in Terpentinöl.

Eisensulfat/Eisenvitriol

Eisensulfat oder genauer Eisenzweisulfat ist eine Verbindung von Eisen und Schwefel, die auch Eisenvitriol genannt wird. Ihm wird meist dreiwertiges Sulfat beigemengt, und es ist dadurch hygroskopisch, zieht also Luftfeuchtigkeit an. Dabei wird es grün-gelblich. In wässriger Lösung ist Eisensulfat schwach sauer und hat meist reduzierende Wirkung. Es findet vielfältige technische Verwendung, da es recht reaktionsfreudig ist: von der Analytik bis in Bereiche der Desinfektion, zum Ätzen von Aluminium oder in der Lederfärberei. Und nicht zuletzt als Beizmittel in der textilen Färberei wird Eisensulfat benutzt.

Erdpigmente

Erdpigmente sind sortenreine oder speziell angemischte, fein vermahlene Erden. Ihre Buntheit erhalten diese Tonmineralien durch unterschiedliche Beimengungen vor allem von Metalloxiden. Viele der Erdfarben haben ihre Namen nach berühmten Fundorten oder Landstrichen, wie die Terra di Pozzuoli aus der Nähe von Neapel oder die böhmischen Grünerden. Wir werden hier kurz die Hauptgruppen vorstellen. Gemeinsam haben die bunten Erden, dass sie alle im Tagebau abgegraben, gebrochen, gemahlen und sortiert werden. Immer sind es relativ einfache und überschaubare Verfahren, bei denen es darum geht, die Pigmente in reiner und feiner Form zu gewinnen. Gute Pigmente haben Korngrößen von wenigen Mikrometern, bei den Erden meist von 20 bis 100 Mikron. Die Feinheit bestimmt den Farbton.

Ethylalkohol

Ethylalkohol ist ein Gärungsprodukt aus pflanzlichen Zuckern und Stärke, uns am besten bekannt als Schnaps. Vergällte Sorten, das heißt Alkohol, der mit Geruchs-, Farb- oder Geschmacksstoffen ungenießbar gemacht wurde, finden vielfache technische Verwendung. Als Brennstoff heißt er Brennspiritus, als Lösungsmittel verdünnt er viele Fette und Farbstoffe. Er ist das einzige Lösungsmittel für Schellack, den wir hier zu Firnissen verarbeiten.

Firnis/Fixativ

Am bekanntesten ist Leinölfirnis, ein Leinöl, das mit 1 bis 3 Prozent Trockenstoffen versetzt wurde, um seine Trockenzeit zu verbessern. Die Sikkative oder Trockenstoffe sind lösliche Metallverbindungen. Während naturbelassene Öle teilweise mehrere Wochen zum Trocknen benötigen, sind Firnisse nach Stunden, spätestens nach einem Tag trocken. Im künstlerischen Bereich werden die Begriffe Fixativ und Firnis oft vermischt. Fixative sind meist malfertige Zubereitungen.

Gips

Gips wird von den Chemikern auch Calciumsulfat genannt. Bekannt ist es als Putz- und Fugenspachtel, der meist wasserlöslich bleibt. Allerdings können die Gipsqualitäten je nach Herstellungsverfahren stark schwanken. Zu unterscheiden ist grundsätzlich der Recyclinggips, ein Abfall bei der Rauchgasentschwefelung, von natürlichem Gips, der in der Natur zu finden ist.

Glimmer

Glimmer gibt es in unterschiedlichen Ausprägungen. Der Phlogopit ist beispielsweise feinschuppig, wohingegen der Muskovit in größeren »Scheibchen« gefunden wird. Das Tonerde-Silikat kann als Füllstoff eingesetzt werden, hat aber auch dekorative Eigenschaften. Eine Besonderheit ist der Eisenglimmer, der in seiner Feinschuppigkeit ein hervorragendes Rostschutzpigment darstellt.

Gummi arabicum

Anders als die Harze stammen Gummen von Laubbäumen und sind wasserlöslich. Sie dienen vornehmlich als Farbbindemittel für Aquarellfarben. Das Gummi arabicum oder auch Kordofan-Gummi stammt von einer in Nordafrika heimischen Akazienart und wird wie Harz gesammelt. Man kann aber auch auf einheimisches Kirschgummi zurückgreifen, das ähnliche Eigenschaften hat.

Holzkohle/Rebschwarz

Holzkohle ist Kohlenstoff, gewonnen durch die Verkohlung von Holz. Das Holz wurde früher von Köhlern in kleinen Meilern im Wald produziert. Der Einsatz als Brennstoff, vor allem in der Industrie, führte zur Verkarstung ganzer Landschaften durch exzessiven Waldeinschlag. Als Pigment kamen traditionell viele Verkohlungsprodukte zum Einsatz. Rebschwarz, das unter diesem Namen im Handel erhältlich ist, besteht tatsächlich aus verkohlten Reben beziehungsweise wird aus den Abfällen der Weinherstellung gewonnen.

Holzölstandöl

Holzölstandöl wird durch Pressung aus den Samen des chinesischen Tungbaums (daher auch Tungöl) gewonnen. Es ist dickflüssig und verbessert die Trocknungseigenschaften von Ölfarben und Lacken.

Hydraulische Zuschläge

Hydraulische Zuschläge erhöhen die Resistenz von Mörteln und Putzen gegen Wasser. Sie führen zu härterem Abbinden, auch unter Wasser. Außerdem ergibt sich eine bessere Witterungsbeständigkeit, auch gegen saure Einflüsse. Handelsübliche Hydraulezusätze zum Kalkmörtel sind Ziegel- oder Trassmehl.

Kalischmierseife

Kalischmierseife wird unter Zuhilfenahme von Kalilauge hergestellt. Sie dient als Reinigungsmittel und kann mit ihrer Alkalität zusammen mit Sumpfkalk einen guten Abbeizer ergeben. Stark verdünnt kann sie zum Grundieren von Kalkputzen eingesetzt werden, wo sie die Saugfähigkeit des Untergrunds vermindert (Kalkseifenbildung).

Kalkmilch

Kalkmilch ist ein mit Wasser verdünnter Weißkalkhydratteig, der vor allem bei Anstrichen zum Einsatz kommt. Auch stark mit Wasser verdünnter Sumpfkalk ergibt eine Kalkmilch, diese ist von wesentlich höherer Qualität und wird ohne Zusätze, beispielsweise von Kasein, im Anstrichergebnis wischfest.

Carnaubawachs

Carnaubawachs ist ein pflanzliches Produkt. Die brasilianische Wachspalme Copernicia cerifera sondert es in beachtlich dicken Schuppen auf ihren Blättern ab. Das Wachs kann bei 80 bis 91 Grad Celsius abgeschmolzen werden und dient als Härter für andere Wachse. Es kommt in Fußbodenhartwachsen zum Einsatz. Außerdem wird es sowohl als Überzug für Schokolinsen als auch in Autopolituren verwendet.

Kasein

Kasein wird auch als Käsestoff bezeichnet und befindet sich in allen Milchprodukten. Magerquark besteht neben Wasser wesentlich aus Kasein (etwa 12 Prozent). Durch Aufschluss mit Alkalien entsteht der Kaseinleim, der ein extrem kräftiges und spannungsreiches Bindemittel darstellt. Der Leim kann direkt als Klebstoff verwendet werden. In konzentrierter Form, eventuell mit einigen Zuschlagstoffen, haben wir einen guten Holzleim, oder mit mehr und gröberen Zuschlägen auch einen Baukleber. Die Mischung ist entscheidend.

Kolophonium

Kolophonium ist der feste Bestandteil einheimischer Harze von Nadelbäumen, vor allem Kiefern. Durch Verwundung des Cambiums (der Rinde) der Bäume wird der Harzfluss angeregt. Eine große Kiefer liefert jährlich ungefähr vier Kilogramm Harz, ohne Schaden zu nehmen. Vom Harz wird das leichter flüchtige Terpentinöl abdestilliert, das Kolophonium bleibt zurück. Es dient vor allem als Härter in der Lackherstellung, manch einer kennt es vielleicht auch als Antigleitmittel für den Geigenbogen. Technisch hochwertiger sind die Hartharze, die durch Verkochung mit Kalk oder Veresterung hergestellt werden.

Kreide

Kreide ist ein weiches Gestein, das durch Ablagerung von Kalkskeletten verschiedener Meerestiere entstanden ist. Es gibt ein riesiges Kreidebecken, das sich von Frankreich über England, Schweden und Dänemark bis nach Deutschland erstreckt. Kreide ist in ausreichenden Mengen für die nächsten Jahrtausende verfügbar, der Abbau findet immer im Tagebau statt. Im Handel sind Rügener Kreide, Söhlder Kreide, Holsteiner Kreide, Schwedische Kreide und Champagne-Kreide. Zum Herstellen von Farben sollten besonders feine, das heißt gut vermahlene und weiße Kreidesorten genommen werden. Kreide ist absolut lichtecht und mit allen anderen Erdpigmenten gut mischbar. Sie hat in wässerigen Bindemitteln, wie Kasein und Leim, ein gutes Deckvermögen.

Leinöl

Leinöl wird aus der Flachssaat gepresst und auch zu Speiseöl verarbeitet. Es besteht zu einem wesentlichen Teil aus Linol- und Linolensäuren und ist ein technisch hochwertiges Farbbindemittel. Dort allerdings wird es meistens als Firnis eingesetzt. Es gibt allerdings weitere technische Verfahren, um Dick- oder Standöle zu erzeugen, die wesentlich wetterbeständiger sind als einfaches Leinöl, das bei Feuchtigkeit quillt.

Leinölstandöl

Leinölstandöl ist traditionell ein lange abgestandenes Leinöl. Der damit einhergehende Eindickungsprozess kann durch Kochen beschleunigt werden, was eine Art Vortrocknung darstellt. Das Standöl ist wasserfester und hat günstige Verlaufseigenschaften.

Lehm

Die geologischen Vorgänge haben neben den mehr oder weniger reinen Tonlagern auch Bereiche gebildet, in denen eine stärker durchmischte Bodenschicht entstanden ist. Quarz oder Sand sind wesentliche Zuschlagstoffe, die aus Ton Lehm machen. Je nach Mischung hat der Lehm eine größere oder geringere Bindekraft. Die Lehmstreichputze, die heute auf dem Markt angepriesen werden, unterscheiden sich sehr. Produkte mit hohen Zellulose- und Kleberanteilen, gerade wenn sie auch noch stark pigmentiert werden, bezeichnet der Baubiologe als Buntpapier. Einige Hersteller bieten sehr konsequente Lehmfeinputze an, beispielsweise mit Strohhäksel, der sowohl armiert, als auch gut aussieht. Doch hier greifen wir in einen Raum, der auch individuellem Geschmack unterliegt.

Mineralpigmente

Als Mineralpigmente werden künstliche anorganische Pigmente bezeichnet. Es handelt sich nicht um gemahlene Mineralien, die dann gereinigt in den Handel kommen, sondern um anorganische Materialien, die in teilweise sehr komplizierten, chemischen Verfahren miteinander verbunden werden, um als Resultat oder Syntheseprodukt ein Mineralpigment zu ergeben. Zu diesen Verfahren gehört beispielsweise die Oxidation, durch die Zinkweiß und Zinkoxid oder auch Bleimennige hergestellt werden. Oder das Abspalten von chemisch gebundenem Wasser durch Erhitzen. Dieses Verfahren heißt auch Rösten oder Kalzinieren, auf diese Weise werden Eisenoxidpigmente künstlich hergestellt. Ein weiteres Verfahren ist das Verschmelzen verschiedener Stoffe zu neuen chemischen Verbindungen. Auch lösliche Salze lassen sich zusammenmischen, die Farbstoffe werden ausgefällt. Beispiele sind Lithopone, Chromgelb oder die Cadmiumpigmente. Weitere Verfahren liegen in der chemischen Reaktion mit Laugen oder Säuren. So werden vor allem die Chrompigmente hergestellt.

Mergelkalk

Mergelkalk ist ein hydraulischer Kalk, der aus einem Sedimentgemenge gebrannt wurde. Neben Calciumcarbonat beinhaltet er Ton, Sand und andere Mineralien. Besondere Sorten werden auch als Naturzement bezeichnet.

Methylzellulose

Methylzellulose wird aus natürlicher Zellulose hergestellt, allerdings unter Zuhilfenahme der Chlorchemie. Sie ist ungiftig, dient als Verdickungsmittel und vor allem als Klebstoff wie beispielsweise im Fall von Tapetenkleister. Leimfarben, die früher mit Stärkekleister angerührt wurden, beinhalten heute fast nur noch Methylzellulose als Bindemittel.

Ocker, rot und gelb

Ocker setzt sich aus Eisenoxidhydraten und Ton zusammen, es ist sozusagen ein wasserhaltiges Eisenoxid. Die Ocker entstehen durch Verwitterung eisenhaltiger Gesteine. Der hellste ist der gelbe, französische Ocker. Rötlichere und dunklere Farbtöne haben einen höheren Gehalt an Eisenoxid oder Manganoxidbeimengungen. Alle Ockerarten sind sehr lichtecht, färben in der Regel sehr gut und haben ein gutes Deckvermögen. Durch Glühen von natürlichem, gelbem Ocker entsteht der sogenannte rote Ocker. Beide decken gut und sind absolut lichtecht.

Ricinenöl

Ricinenöl ist ein entwässertes Rizinusöl. Es gehört zu den trocknenden Ölen und ist damit als Farbbindemittel geeignet. Wegen seiner geringen Vergilbungsneigung und guten Temperaturbeständigkeit kommt es in Weißlacken und Heizkörperfarben zum Einsatz.

Safloröl

Safloröl wird zu Standölen weiterverarbeitet. Es stammt von der Färberdistel, die reichhaltige Ölsamen liefert. Wegen der geringen Vergilbungsneigung ist es ein hervorragendes Farbbindemittel.

Schellack

Schellack ist ein wachshaltiges Harz, das von indischen Schildläusen produziert wird. Es ist in hochprozentigem Alkohol löslich und bietet damit ein schnell trocknendes Farbbindemittel für Spirituslacke und Schellackpolituren. Der rohe Blätterschellack wird auch gebleicht und ergibt dann wasserhelle Lacke. Die Blätter werden über Nacht in Alkohol gelöst, die Lösung wird dekantiert, das heißt, der klare Schellack wird vorsichtig abgegossen und der Wachsanteil bleibt zurück. Er ist gut zu verwenden für minderwertigere Arbeiten oder gefärbte Lacke.

Schellackseife

Es handelt sich hierbei um eine Schellack-Ammonium-Seife, die so heißt, weil der Schellack in Salmiakgeist gelöst wurde. Diese Verseifung führt dazu, dass der in Wasser sonst unlösliche Schellack wasserlöslich wird, allerdings nur in sehr heißem Wasser. Aufgrund seiner Beständigkeit gegen kaltes Wasser kann Schellack gut als Schutzfilm für diverse Malerarbeiten eingesetzt werden. Auch als Farbbindemittel hat er sich bewährt. Die Schellacklösung soll nicht überhitzt werden, da sie sonst bräunt; fertig angerührt kann sie kühl viele Tage gelagert werden.

Sikkative

Sikkative sind Trockenstoffe beziehungsweise Katalysatoren, die die Trocknung von Ölfarben in Gang setzten und beschleunigen. Dabei wird die Oxidation der trocknenden Öle, allen voran des Leinöls mit seinen ungesättigten Fettsäuren, unterstützt. Manche Erdfarben dienen als natürliche Trocknungsbeschleuniger, in der Regel werden jedoch künstlich aufbereitete Metallsalze, gelöst in Terpentinersatz, benutzt. Wo früher das giftige Blei zum Einsatz kam, verwendet man heute vor allem Mangan, Zirkonium, Calcium, Kobalt und Zink. Damit die Sikkative im Rohöl wirksam sind, soll man 1 bis 3 Prozent hinzugeben.

Soda

Soda ist ein sehr weit verbreitetes Reagens, sowohl in industriellen Verfahren als auch im Haushalt. Unter den Namen Kristallsoda, Natriumbicarbonat oder Ätznatron (kaustische Soda) wird es in jeweils etwas unterschiedlicher Form (Wassergehalt, Verunreinigung mit Kochsalz, Löslichkeit usw.) für verschiedene Zwecke gehandelt. Uns interessiert vor allem die Alkalität der Lösung, die die Soda zu einem guten Reinigungsmittel macht. Das Ätznatron findet in der Seifenherstellung umfangreiche Verwendung; mit der kalzinierten Soda können wir alle Öl- und Wachsoberflächen an- oder ablaugen. Soda findet sich als natürliches Mineral an vielen Orten der Welt, oft ziemlich hochprozentig in sogenannten Natronseen, aber auch in einigen Pflanzen. Wie die meisten Werkstoffe wird es heute technisch aufbereitet, und zwar aus Kochsalz.

Terra di Siena

Die italienischen Erden aus der Gegend um Siena sind seit alters als Pigmente in Gebrauch. Sie stehen den Ockern nahe, doch ihre Deckkraft ist nicht besonders hoch, weshalb sie zu den Lasurpigmenten zählen. Das macht aber ihren Reiz aus. Sowohl die natürliche Terra di

Siena mit ihrem hellgelbbraunen Ton als auch die dunkelrötlichbraun gebrannte Siena sind besonders beliebte Künstlerfarben.

Titandioxid

Die Herstellung von Titandioxid ist nicht unproblematisch. Unrühmlich bekannt wurde es durch die Verklappung von Dünnsäure in der Nordsee. Diese wird heute zwar recycelt, bleibt aber letztlich doch als Abfall zurück. Ein anderes Herstellungsverfahren ist das Chloridverfahren. Hier wird das Titanerz mit Chlor angegriffen, durch anschließende Hitzebehandlung entsteht Titandioxid. Das Pigment selbst ist völlig ungiftig, wir kritisieren es also nur auf der Herstellungsseite. Titandioxid brauchen wir nur dort, wo mit Ölen gearbeitet wird, die weiß eingefärbt werden sollen. Weiße Erden führen nicht zum Erfolg, da sie hier, anders als in wässrigen Dispersionen, nur Gelb- oder Grautöne ergeben.

Ton

Anders als in der Retorte des Chemikers finden wir in der Natur nur ganz selten reine Elemente. Gesteine sind meist Gemenge unterschiedlicher Mineralien. Ihre Verwitterung und eine erneute Mischung ergeben Lagerstätten unterschiedlichster Zusammensetzung. Tone sind aus kristallinischen Ur- und Eruptivgesteinen hervorgegangen. Die wasserhaltigen Aluminiumsilikate bestehen aus sehr feinen Schuppen, was ihre Quellbarkeit und Bildsamkeit ausmacht. Trockener Ton kann bis zu 40 Prozent Wasser aufnehmen und ergibt dann eine weiche, formbare Masse.

Ultramarinblau

Natürliches Ultramarinblau wird in einem aufwendigen Verfahren aus dem Halbedelstein Lapislazuli gewonnen. Es wurde bereits in alten ägyptischen Schatzkammern verwendet. Im Mittelalter wurde es dann aus dem Orient nach Europa importiert. Es war das Blau jenseits der Meere, daher auch der Name. Erhältlich ist das echte Ultramarin aus Lapislazuli bei Kremer Farben in Aichstetten. Ein Kilogramm Ultramarinblau kostet über 15 000 Euro.

Synthetisch hergestellt wird Ultramarinblau seit Anfang des 18. Jahrhunderts, indem man Porzellanerde, Quarzsand, Soda und Schwefel mit etwas Holzkohle vermischt und etwa 60 bis 100 Stunden auf 700 Grad Celsius erhitzt. Über die unterschiedliche Steuerung des Verfahrens können diverse Ultramarintöne hergestellt werden. Die meisten Sorten sind nicht säurefest und werden bereits durch schwache Säuren zerstört, deshalb sind sie nicht für Außenanstriche geeignet.

Umbra

Umbra besteht aus Manganoxid, Eisenoxid und Ton. Die Umbra gibt es in verschiedenen Farbtönen, von leicht Gelblich bis ins Rötliche oder auch ins Grünliche gehend. Der Farbton wird durch die Oxidgehalte bestimmt. Wenn von Umbra die Rede ist, denkt man meist an einen braunen Farbton. Grünliche Bestandteile in der Umbra sind Eisensilikate. Die echte, natürliche grüne Umbra kommt aus Zypern und ist blassolivgrün. Es gibt viele ähnliche Sorten, die sich überall auf der Erde in unterschiedlichen Zusammensetzungen finden.

Zitronensäure

In Zitronensaft ist Zitronensäure zu 6 bis 8 Prozent enthalten. In der industriellen Anwendung wird sie allerdings synthetisiert, etwa über Vergärungsprozesse der Melasseabfälle der Zuckerindustrie. Bei der Endverbrennung von Nährstoffen im menschlichen Körper entsteht ebenfalls Zitronensäure. Zitronensäure wird in weißen, geruchlosen Kristallen mit stark saurem Geschmack gehandelt. Sie kann zur Einstellung des pH-Wertes und zum Absäuern (Entkalken) benutzt werden.

Anmischen von Farbe bei einem Naturfarbenhersteller.

Boraxhaltiges Gestein in der Mojavewüste (USA) (Foto: Martin Krampfer, Hamburg).

Die heißen Borax-Lagerstätten

Mit Borax, dem Natriumsalz der Borsäure, hatte ich eigentlich erst in der Mojavewüste gerechnet, doch es stellte sich heraus, dass die ganze Gegend – die Mojave schließt sich im Süden direkt an das berüchtigte Death Valley an – reich an Borsalzen ist. Die amerikanische Geschichte der Borsalzgewinnung begann vor gut 100 Jahren im Death Valley. Nachdem der Borax-Bedarf für die junge amerikanische Goldveredelung, Keramik- und Glasindustrie zunächst durch Importe aus Italien und Tibet befriedigt wurde, entdeckte man im Norden Kaliforniens auf dem Großen Salzsee im Death Valley reiche Vorkommen und begann mit dem Abbau. Bis heute ist die US Borax, gegründet 1872, weltgrößter Lieferant geblieben.

Zunächst wurde nur der sogenannte Cotton Ball für die Borax-Herstellung verwendet. Dies ist eine besondere Spezies von Salzkristallen, die in runden, walnussgroßen Kugeln an der Oberfläche des Sees herumlagen und mit Schaufeln eingesammelt wurden. Es handelte sich um reine Salzmischungen, die ganz einfach vor Ort durch Auflösen und neuerliches Ausfällen getrennt wurden. Mitten in der Senke im Salzsee gibt es heute noch Reste der alten Destille. Als die Cotton Balls zur Neige gingen, wurden die Mineralmischungen mit massiven schweren Gespannen zur Weiterverarbeitung aus dem Tal heraustransportiert. Diese Gespanne hatten ein Gesamtgewicht von etwa 40 Tonnen und wurden von 20 Mauleseln gezogen. Der Weg aus dem Tal dauerte mehr als zehn Tage, führte über eine Strecke von rund 165 Meilen, wobei ein Höhenunterschied von gut 700 Metern zu überwinden war. Diese mörderische Arbeit bei sommerlichen Temperaturen von über 50 Grad Celsius wurde noch dadurch erschwert, dass es keine befestigten Straßen gab, sondern der Weg im Wüstengelände über Schotter und Sand führte.

Borax wurde traditionell im Malerhandwerk verwendet, um Leimlösungen und Stärkekleister vor Fäulnis zu schützen. Um den sogenannten Holzschwamm nicht aufkommen zu lassen, kann man das Holz mit einer Borsäurelösung tränken. Und schließlich dient Borsalz dazu, das Kasein in Farben aufzuschließen. Borax und die Borate finden jedoch auch noch in vielen anderen Bereichen wie der Glas-, Porzellan-, Keramik-, Kosmetik- und Pharmaindustrie Verwendung.

Der Naturfarbenmarkt und seine Hersteller

Naturfarben sind älter als jeder Hersteller, der sie heute im Namen führt. Anstrichmittel, wie wir sie in diesem Buch vorgestellt haben, entstanden aus der jahrhundertelangen Erfahrung und Praxis von Künstlern und Handwerkern. Es ist das Verdienst aller seriösen Naturfarbenhersteller, dieses Wissen konsequent aufgenommen zu haben und Produkte auf den Markt zu bringen, die allen Anforderungen gerecht werden. Und das geht weit über die eigentlichen Rezepturen hinaus.

Im Text haben wir zu jeder Produktgruppe und jedem Anwendungsbereich die Hersteller aufgeführt, die passende Anstriche bereithalten. In der folgenden Tabelle sind diese mit einer erweiterten Produktauswahl noch einmal zusammengefasst. Allerdings konnten wir in dieser Übersicht nur eine Auswahl wiedergeben, da allein für die Holzoberflächenbehandlung beispielsweise die Firma Livos über 50 Produkte herstellt.

Der Markt ist ständig in Bewegung. Wenn Kreidezeit zum Beispiel einmal als Hersteller für Farben zum Selbermachen mit einem Schwerpunkt auf Kaseinprodukten angetreten ist, so gilt das heute nicht mehr. Spezialprodukte für besondere Anwendungen und eine Orientierung am Bedarf von Handwerk und Denkmalpflege sind in den Vordergrund getreten. Während Auro das Orangenschalenöl fast zu seinem Markenzeichen gemacht hatte, ist es heute kaum noch im Programm zu finden. Aglaia ist das Markenzeichen eines alten Silikatfarbenherstellers, der heute ein Vollsortiment anbietet. Firmen wie Volvox und Holzweg finden sich unter dem Dach von Ecotec. Holzweg ist für eine breite Pigmentpalette bekannt, andere Hersteller bieten weniger, gelangen aber durch Mischungen etwa zu dem gleichen Sortiment. Biofa setzt hier mehr auf Pigmentpasten. Livos hat als Spezialität noch viele Pflanzenfarben im Sortiment.

Was können wir Ihnen also als Einkaufshilfe bieten? In den Texten haben wir Sie sicher auf die richtige Spur gebracht, jetzt können Sie zwei Wege gehen. Der einfachere ist, einen guten Fachhändler aufzusuchen. Mit ein paar Fragen nach Inhaltsstoffen und Rezeptur und zur Anwendungstechnik (Tipps zur Verarbeitung) sowie nach möglichen Alternativen merken Sie sehr schnell, ob Sie gut beraten werden. Der andere Weg oder der zusätzliche ist die eigene Recherche. Die folgenden Herstelleradressen ermöglichen Ihnen eine schnelle Suche im Internet. Oder Sie tätigen einen Anruf und fordern Informationsmaterial an. Alle Hersteller haben eine Preisliste, im Internet sind diese manchmal etwas versteckt. Dort suchen Sie unter »Kalkulationshilfen für Handwerker« oder unter »Ausschreibungsunterlagen«. Außerdem finden Sie dort ein Anbieterverzeichnis, um ein Fachgeschäft in Ihrer Nähe zu suchen. Das Internet bietet eine gute Gelegenheit, einmal Vergleiche anzustellen.

Die Produktpalette in unserem Buch deckt weitgehend den Oberflächenbereich im Bauen und Wohnen ab: Leim- und Kaseinfarben, Naturharzdispersionen, Kalkfarben, Kalkputze, Silikatfarben, die dazugehörenden Lasuren, Pigmente oder Farbpasten, Leinölfarben, Hartöle und Wachse, Lehmputze, Fußbodenbehandlungen, Kleber, Spachtel sowie Tipps zu Wandaufbauten im Bereich Lehm.

Informationen einholen, ob aus dem Naturfarben-Ratgeber oder aus dem Internet, ist ein wichtiger Schritt. Doch gerade bei größeren Bauvorhaben, bei einer Gesamtrenovierung oder gar einem Hausneubau, lohnt es sich immer, Handwerker hinzuzuziehen, die sich mit Naturfarben, Verputzen, Wandaufbauten auskennen. Auch wenn ein Gespräch nur eine einmalige praxisnahe Beratung am konkreten Modell, eine Vorauswahl der Produkte, Absprachen über mögliche Eigenleistungen, Preisvergleiche usw. beinhaltet, handelt es sich in jeder Hinsicht um eine gute Investition.

Anstrichsysteme **Anbieter** (Nummerierung wie in nachfolgender Liste, Seite 130ff.)

	1 Aglaia	2 Auro	3 Leinos	4 Livos	5 Biofa	6 Kreidezeit	7 Sehestedter	8 Haga*	9 Thymos*
Leimfarbe		X		X		X		X	X
Kaseinfarbe (Alkali)	X		X			X	X	X	
Kalkkaseinfarbe	X	X				X	X	X	
Naturharzdispersionsfarbe	X	X	X	X	X		X	X	X
Kalkfarbe/Sumpfkalk	X	X		X		X		X	X
Reinsilikatfarbe	X		X		X	X			X
Dispersionssilikatfarbe					X		X	X	X
Streich- und Rollputz	X		X	X		X		X	X
Lehmfarben / Lehmspachtelputze				X	X				X
Wandlasur Kasein, wässrig	X		X			X		X	
Wandlasur Harz, wachsbasiert	X	X	X	X	X		X	X	X
Isoliergrund, Sperrgrund	X		X	X		X	X	X	
Pigmente	X				X	X	X	X	
Pigmentpasten	X	X	X	X	X			X	
Pflanzenfarbenzubereitungen	X	X		X			X		X
Kalkfeinputze						X		X	X
Kalk-Glanzspachtel	X		X	X		X		X	X
Stuccolustro, Tadelakt						X			
Kaseinfeinputze, Kaseinfaserputz		X		X		X		X	
reversible Feinputze (Methylzellulose)						X		X	
Baukleber	X	X	X	X		X	X	X	X
Borsalz, Borsalzimprägnierung	X	X	X	X	X	X	X	X	X
Holzseifen, Holzlaugen		X	X		X	X			X
Abbeizer		X		X		X		X	
Holzlasuren auf Ölbasis	X	X	X	X		X	X	X	X
wasserverdünnbare Holzanstriche	X	X	X		X			X	X
Leinölfirnis	X	X		X	X	X	X	X	
Lackspachtel		X					X		X
Grundieröle	X	X	X	X	X	X	X	X	X
ölige Holzlasuren für außen	X		X	X		X	X	X	X
Standölfarben				X		X			X
Schwedenrot		X				X			
Holzteer					X		X		X
Hartöle, Fußbodenöle	X	X	X	X	X	X	X	X	X
Bienenwachspräparate	X	X	X	X	X	X	X	X	X
Hartwachs	X	X	X	X	X		X		X
Schellack, Schellackpräparate	X	X		X		X	X		X
Rostschutzfarbe	X	X	X	X		X	X	X	
Reinigungs- und Pflegemittel	X	X	X	X	X	X	X		X
Leime	X			X			X	X	X
Werkzeugreiniger, Verdünner	X	X	X	X	X	X	X	X	X

* Thymos stellt selbst Produkte her und führt die Vertretungen von Biofa, Aquamarijn, Keim, kt. Color und Kremer. Haga führt neben Eigen- auch Fremdprodukte.

Lager für Naturfarben und weitere Naturprodukte.

Naturfarbenhersteller – eine Übersicht

AGLAIA NATURFARBEN

1 Aglaia Naturfarben – Beeck'sche Farbwerke
Postfach 81 02 24, D-70519 Stuttgart
Telefon 0711-900200, Fax 9002010,
E-Mail: Beeck@Beeck.de, www.beeck.de

Aglaia ist ein geschütztes Warenzeichen der Beeck'schen Farbwerke. Der Name Aglaia stammt aus dem Griechischen. Aphrodite, die Göttin der Schönheit, hatte eine Muse namens Aglaia. Seit 1894 experimentiert die Firma mit Ölfarben sowie rein mineralischen Farben auf der Basis von Kalk und Wasserglas, seit 1968 ist die Entwicklung von Farben auf rein pflanzlicher Basis hinzugekommen. Beeck Mineralfarben und Aglaia Naturfarben bieten ein umfangreiches Programm umweltverträglicher und gesunder Anstrichsysteme für innen und außen an. Sorgfältige Kundenberatung ist eine Selbstverständlichkeit.

AURO NATURFARBEN

2 Auro Pflanzenchemie AG
Alte Frankfurter Straße 211, D-38122 Braunschweig
Telefon 0531-281410, Fax 2814161,
E-Mail: info@auro.de, www.auro.de

Die Entwicklung der Auro Naturfarben wird durch eine konsequent ökologische Philosophie geleitet. Bereits die Rohstoffauswahl erfolgt nach strengen Kriterien. Als Bindemittel werden nur nachwachsende pflanzliche Rohstoffe eingesetzt, und auch die verwendeten Pigmente und Füllstoffe sind ausschließlich mineralischer oder pflanzlicher Natur. Auro ist bekannt für Produktklarheit und Produktwahrheit, wobei die Volldeklaration aller verwendeten Rohstoffe für Naturfarbenhersteller selbstverständlich ist. Auro bietet heute ein Sortiment, das allen Ansprüchen und Wünschen gerecht wird. Naturfarben für das ganze Haus. Eingetrocknete Produktreste und mit Auro Naturfarben behandeltes Massivholz lassen sich laut Gutachten zu nährstoffreicher Erde kompostieren. In der Schweiz lassen behördliche Vorschriften dies allerdings noch nicht zu.

LEINOS Naturfarben

3 Leinos Naturfarben GmbH
Weilenburgstraße 29, D-42579 Heiligenhaus
www.leinos.de

Auch Leinos bietet ein abgerundetes Sortiment von Naturfarben an. Viele Produkte werden jedoch nur an Handwerker abgegeben. Holzanstriche gibt es teilweise auf Ölbasis oder auch wasserverdünnbar, hinzu kommen Klar- und Decklacke. Für die Wandfarben werden Pigmentkonzentrate bereitgehalten, außerdem gibt es eine Lasurspachtelmasse. Kleber, Pflege- und Reinigungsmittel runden das Sortiment ab.

4 Livos Pflanzenchemie GmbH & Co. KG
Auengrund 10, OT Emern, D-29568 Wieren
Telefon 05825-880, Fax 8860,
E-Mail: info@livos.de, www.livos.de

Die Firma Livos verfügt über eine umfangreiche Kollektion von Ölfarben. Der Einsatz pflanzlicher Rohstoffe ist ihr Markenzeichen, was sicher auch an der Beschäftigung mit textiler Färberei liegt. Eine eigene Ölmühle und die Förderung des ökologischen Leinsaatanbaus sind hervorzuheben. Livos ist von dem Vorteil von Isoaliphaten gegenüber pflanzlichen Lösemitteln überzeugt. In den letzten Jahren wurden vermehrt Wandfarben und Spachtelmassen ins Sortiment aufgenommen.

5 Biofa
Dobelstraße 22, D-73087 Boll
Telefon 07164-94050, Fax 940596,
E-Mail: info@biofa.de, www.biofa.de

Biofa bietet ein Naturfarbenvollsortiment. Außerdem werden Pigmente und Pigmentpasten angeboten. Wandanstrichmittel werden mit Putzen ergänzt und durch Lasursysteme abgerundet. Auch diverse Ölfarben gehören ins Programm. Eine reine Silikatfarbe wird sogar als Einkomponentensystem angeboten.

6 Kreidezeit Naturfarben GmbH
Cassemühle 3, D-31196 Sehlem
Telefon 05060-6080650, Fax 6080680,
E-Mail: info@kreidezeit.de, www.kreidezeit.de

Mit Farben für Heimwerker und einfachen Bausatzprodukten gelang der Firma Kreidezeit Naturfarben GmbH seinerzeit ein zügiger Einstieg in den Naturfarbenmarkt. Und zwar zu Preisen, die für jedermann erschwinglich waren. Der anfängliche Schwerpunkt der Kaseinfarben und bunten Erden erweiterte sich über ein Ölfarbensortiment und Putzsysteme zu einem Naturfarbenvollsortiment. Mit der Schuppenpanzerfarbe, den reinen Standölfarben und Tadelakt wurden alte, bedeutende Farb- und Putzsysteme wiederbelebt, die uns mit Neugier auf die weitere Entwicklung schauen lassen. Zurzeit ist das Entwickeln von Kieselsolprodukten für problematische Untergründe und neue Anwendungen sehr interessant.

7 Sehestedter Naturfarben (Chitosan- und Neemölprodukte)
Alter Fährberg 7, D-24814 Sehestedt
Telefon 04357-1049, Fax 750,
E-Mail: info@chito.com, www.chito.com

Dieser Naturfarbenhersteller ist direkt am Nord-Ostsee-Kanal beheimatet. Aus dem Hause kommt ein sehr breites Vollsortiment mit einer Reihe interessanter Spezialitäten. So wurde hier beispielsweise Chitosan entwickelt, ein

Produkt aus Krabbenschalen, die sonst weggeworfen werden. Der Stoff ist ein interessanter Zusatz für viele Produkte, besonders Chitowachs. Die Firma betreibt rege Entwicklungsarbeit.

8 Haga Naturbaustoffe
Hübelweg 1, CH-5102 Rupperswil
Telefon 062-8974141, E-Mail: info@haganatur.ch,
www.haganatur.ch

Haga stellt seit 1953 Naturbaustoffe her und verwendet dabei ausschließlich umweltverträgliche Rohstoffe ohne synthetische Zusätze. Alle Produkte sorgen für ein gesundes, angenehmes Wohnklima, sind zukunftweisend und werterhaltend. Die Qualität und Beschaffenheit der Haga-Produkte überzeugt bereits in der Bauphase und ermöglicht eine problemlose Verarbeitung. Haga unterstützt die Kunden bei der Planung, koordiniert und schafft so optimale Bedingungen für größere Bauvorhaben wie Renovierungen im Wohnbereich.

Die Produktpalette deckt den weiten Bereich Bauen und Wohnen ab: Mauerwerk (Leichtlehmsteine und Mörtel), Isoliersysteme (Wärmedämmputze), natürliche Isolierstoffe auf der Basis von Flachs, Hanf, Kork, Kokos, Wolle und Zellulose, Kalkfarben, Kalkputze, Sumpfkalk, Lehmputze, Naturfarben und Lacke, Lasuren und Wachse, Bodenbeläge, Fußbodenbehandlungen, Kleber und Spachtel. Für jeden Wunsch findet sich eine Lösung.

9 Thymos AG
Gleis 1, CH-5600 Lenzburg
Telefon 062-8924444, E-Mail: info@thymos.ch,
www.thymos.ch

Die Natur bietet ein unerreichtes Spektrum an leuchtenden Farben in perfekter Harmonie. Daher nimmt sich Thymos die Natur als Vorbild und Quelle. Sie liefert hochwertige Rohstoffe für Pigmente und Bindemittel – nachwachsend, für die Gesundheit unbedenklich und im geschlossenen ökologischen Kreislauf. Thymos verbindet Ökologie und Tradition mit modernster Technik und professionellem Service.

Die Thymos AG wurde 1987 als Handelsbetrieb für natürliche Anstrichstoffe gegründet. Im Bemühen, das Traditionelle mit dem Modernen zu verbinden, hat Thymos ein umfassendes Leistungsangebot entwickelt, das nicht nur auf den Handel, sondern auch auf kompetente Beratung, Unterstützung und Schulung setzt. Die Fachleute von Thymos stehen auf der Baustelle, im Atelier, am Telefon und bei der individuellen Beratung im Geschäft gern zur Verfügung.

Vertretungen: Biofa Naturfarben, Aquamarijn Ölfarben, Keim Mineralfarben, kt. COLOR, Kremer Farbpigmente.

Ölfarbensortiment

Naturhaus, Bahnhofstraße 11, D-97769 Bad Brückenau, Telefon 09741-9300390

Handel mit diversen Farbrohstoffen, insbesondere für Künstler

Kremer Pigmente, Hauptstraße 41–47, D-88317 Aichstetten/Allgäu, Telefon 07565-1011
E-Mail: info@kremer-pigmente.de, www.kremer-pigmente.de

Klassische Silikatfarben/Dispersionssilikatfarben usw.

Keimfarben, Keimstraße 16, D-86420 Diedorf,
Telefon 0821-48020
E-Mail: info@keimfarben.de, www.keimfarben.de

Anbieter von Ovolin

Bau + Farben Kontor Leipzig, Spinnereistraße 7/Halle 23, D-04179 Leipzig, Telefon 0341-6891802, Fax 6891803
www.naturfarben-leipzig.de

Hersteller von Lehmbauprodukten und Lehmfeinputzen

Claytec
Nettetaler Straße 113, D-41751 Viersen-Boisheim
Telefon 02153-9180, Fax 91818,
E-Mail: service@claytec.com, www.claytec.com

Die Firma Claytec ist kein Farbenhersteller, wird von uns aber gern aufgenommen, da sie sehr konsequent an natürlichen Oberflächen arbeitet. Der Lehmbau ist der Naturfarbenherstellung in mancher Hinsicht verwandt, und die ausgereiften Lehmfeinputze sind eine Empfehlung wert. Das Lehmbau-Vollsortiment vom Wandaufbau über Grundputze bis zum Edelputz ist überzeugend. Neben guten Vorträgen werden anschauliche Informationsbroschüren angeboten.

Im Übrigen gibt es zahlreiche regionale Lehmanbieter, die teilweise sehr interessante Produkte entwickelt haben.

Eiwa Lehm GmbH
Hauptstraße 29, D-67806 Bisterschied
Telefon 06364-92100, Fax 921020,
www.eiwa-lehmbau.de

Morton (Lehmfeinputze zum Streichen und Spachteln)
Uhlandstraße 1, D-35447 Reiskirchen
Telefon 06408-965030, Fax 965031

Natur & Lehm (diverse Lehmbaustoffe)
Lehmbaustoffe GmbH, A-4352 Klam
Telefon 07266-6218,
E-Mail: info@lehm.at, www.lehm.at

Haga Naturbaustoffe
Hübelweg 1, CH-5102 Rupperswil, Telefon 062-8974141,
E-Mail: info@haganatur.ch, www.haganatur.ch

Register

Adobe 77
Aglaia 130
Alaun 31
Alaun-Grundiersalz 46
Algen 59
Algizide 60
Alkalikaseinfarbe 43
Alkohol 102
Altanstriche 29
Anilinfarben 114
Anstrichaufbau 20
Anstrichempfehlungen 74
Anstrichsysteme 128
Anstrichtechniken 106
Atemzyklus 23
Aufbau von Ölfarbenanstrichen 62
Auro 130
Azurit 12
Bad 15, 17
Balsamterpentinöl 70
Bau + Farben Kontor Leipzig 133
Bauernmalerei 45
Beeck'sche Farbwerke 130
Bindemittel 34
Biofa 131
biogene Bauschäden 59
Blauer Engel 48
Borax 43, 126
bunte Erde 94
Carnaubawachsemulsion 72
chemische Belastungen 35
Claytec 133
Dampfdurchgang 62
Decken 15
Deckenanstriche 15
Deckfarben 104
Diffusionsfähigkeit 16, 20
diffusionsoffen 40
dispergierte Kalkfarben 50
Dispersion 47
Dispersionssilikatfarben 56
Eitempera 45
Eiwa 133

Energieverbrauch 24
Essigessenz 102
Ester 25
Ethanol 25
Ether 25
Farbenleim 42, 46
Farbenwahl 13
farbiger Giftcocktail 35
Farbmühle 96
Faserputze 92
Feinputze 90
Fenster 15
Fermacell 32, 34
Feuchtigkeitsschäden 20
Flechten 59
Fresko 50
Freskogemälde 42
Freskoverarbeitung 54
Fußböden 15
Fußbodenbehandlung 18
Fußbodenhartöle 71
Fußbodenhartwachse 71
Gipsfaserplatten 34
Gipsputz 32
Gitterschnitttest 28
Glanzwickeltechnik 110
Glykole 25
Grundiermittel 31
Grundierungen 62
Haga 132
Halböl 63
Hartöle 18, 70
Harze 69
Haus, Übersicht 9
Hautschmeichler 16
Heizkörperfarben 101
Hirschhornsalz 43
Hochdämmstandards 60
Holzböden 74
Holzfassadenanstriche 20
Holzfenster 62, 74
Holzkonstruktionen 74
Holzverkleidungen 74

Innenputze 74
Innenwände 74
Isoaliphate 25
Japanputze 79
Kalk 49, 88
Kalk- und Kalkzementputz 33
Kalkbrennen 52
Kalkfarben 49
Kalkglätte 83
Kalkhaftputze 82
Kalkkaseinfarben 42, 44
Kalkkreislauf 52
Kalklasuren 83
Kalklöschen 52
Kalkmilch 54
Kalkputz 16
Kalkstein (Calciumcarbonat) 50
Kalkstreichputze 82
Kaseinfarbe 42
Kaseingrundierung 45
Kaseinlasur 16, 108
Kaseintemperafarbe 44
Keimfarben 133
Keller 15
Ketone 25
Kieselsolfarbe 58
Klumpenbildung 45
Kolophonium 70
kontrollierte Wohnungslüftung 24
Kork 74
Korkgranulat 81
Korklehmsteine 80
Kratzputze 92
Kreidezeit 131
Kremer Pigmente 133
kt. Color 97
Küche 15, 17
Kunstharze 60
Kunststoffdispersionsfarben 40
Lasurauftrag 116
Le Corbusier 97
Lehmbauplatten 77, 82
Lehmedelputze 77

Lehmfeinputz 76
Lehmoberflächen 76
Lehmputz 32, 76, 77
Leichtbauwände 32, 33
Leimfarben 40
Leinöl 64
Leinölfirnis 64
Leinölstandöl 63
Leinos 130
Linoxyn 64
Livos 131
Lokalkolorit 9
Lösemittel 25, 35
Luftaustausch 24
Marmorkalke 84
Marmormehle 41
Marseiller Seife 72
Methylzellulose 40
mineralische Fassadenputze 74
mineralische Wände 19
Minergiebereich 59
Morton 133
Multiple Chemical Sensitivity 9
Nass-in-nass-Technik 107
Nassräume 15
Natur & Lehm 133
Naturfarbenhersteller 130
Naturfarbenmarkt 127
Naturharzdispersionsfarben 46
Naturharzfarben 46
Naturhaus 133
Neuputze 32
Oberflächengestaltung 90
Oberflächenschutz 22
Ochsenblut 68
offenporige Steinfliesen 74
ökologisches Gleichgewicht 11
Ölfarben 22, 60
Öllacke 66
Öllasuren 61
OSB 34
Ovolin 45
Pech 69
Pestizide 25
Pflanzenasche 114

Pflege 64
Pflegeanstriche 64
Pigmente 34
Pilze 59
Pisé 77
Plakatfarbe (Plakafarbe) 44
Polyurethanschäume 25
Porzellanerde 41
Pottasche 43
Probeanstriche 45
Putzsysteme 75
Putzträger 33
Raumklima 90
Reinsilikatfarben 56
Rigips 32, 34
Rizinus 67
Rizinusöl 67
Rollen 106
Rollputz 90
Rostschutzanstriche 22, 100
Safloröl 44
Sanierputze 33
Saugfähigkeit 28, 30
Schablonieren 41, 111
Schablonierpinsel 112
Schellack 93
Schellack-Isoliergrund 46
Schimmelbefall 103
Schimmelknacker 103
Schimmelpilze 101
Schimmelpilzsporen 102
Schlafräume 15, 16
Schuppenpanzerfarbe 100
Schwedenrot 68
Sehestedter Naturfarben 131
Seifen 31, 87
Selbstentzündung 62
Sick-Building-Syndrom 9
Silikate 41
Silikatfarbenanstriche 55, 57
Soda 43
Sodalauge 102
Sondermüll 61
Spachtelmassen 33
Spachtelputz 92

Sperrgrund 55
Spritze 106
Stampflehm 80
Standölfarben 66
Steinöl 72
Streichen 106
Streichputz 78, 90
Strohhäcksel 81
Stuccolustro 84
Stuckdecken 41
Stupfen 110
Styropor 25
Sumpfkalk (Calciumhydroxid) 49, 50
Sumpfkalkanstrich 16
Tadelakt 86
Teerfarbenindustrie 36
Terpene 25
Thymos 132
Tiefenlichtreflexion 108
Toluol 25
Tonmineralien 94
tragfähige Altanstriche 74
Tragfähigkeit 28
Tupfen 110
Untergrundbehandlungen 27
Untergrundvorbehandlungen 30
UV-Licht 60
UV-Schutz 20
Verdünner 35
Wachse 70, 87
Wandfarbensysteme 37
Wandlasuren 107
Wandlasuren mit Pflanzenfarben 112
Waschbeständigkeit 44
Wasserableitung 20
Wasserglas 56
wasserverdünnbare Farben 48
Wischtechnik 109
Wohnzimmer 15
Xylol 25